長崎・五島
世界遺産、祈りが刻まれた島

江濱丈裕

Kan Kan Trip Japan

はじめに

どこまでも広がっている透明で遠浅の海。海底に群れる小魚を青色の空が覆っている。

島中に点在する小さな集落の教会。聖堂の中には太陽の動きが計算されたステンドグラスの光が落ちている。

地元に住む小学校低学年くらいの女の子が鍵盤をたたいて練習する音が、開け放たれた窓から漁村中に響く。

この本では五島列島と長崎、天草地方のことを紹介しています。長崎ではなく五島が先に来ているのは私が上五島の中通島出身だからです。

五島列島や小値賀、黒島などの島編では地元の駄菓子屋、活版印刷所、牛や猫や山犬のこと、おじいちゃんおばあちゃんとの会話、子どもの喧騒、地元人にしか分からない観光地などを紹介しています。ひょっとしたら内容が少しディープすぎるかもしれません。私が地元の人間なので、観光パンフレットに掲載されていないことをできるだけ紹介し、皆さんに楽しんでもらいたいのです。もちろん、オーソドックスな観光地もきちんと紹介していますのでご心配なく読み進めてください。

この本で紹介する地域にとって、切っても切り離せないのが、今も住み続けるキリシタンの方たちの歴史です。

2018年に世界遺産として12の構成資産が選ばれました。しかし、五島列島だけで49の教会があり、それぞれにそこに住む人々の歴史が存在しています。「有名な教会の隣にある、教会や集落も素晴らしい」。ディープな観光地も含め、そんな思いを伝えたくて、五島の49の教会は全て取材し、できるだけ紹介することにしました。

最後に、教会は祈りの場です。また、島民には日々の暮らしがあります。常識のある行動をお願いします。話しかければ気軽に応じてくれるのが島民です。何でも聞きましょう。それでは良い旅を。

Contents

小値賀島編

長崎本土編

天草編

長崎と天草地方の潜伏キリシタン関連遺産
～12の構成資産から歴史をひもとく～

12の構成遺産からひもとく弾圧、潜伏、移住、禁教廃止の流れ

Ⅰ 弾圧期（1資産）

島原の**「原城跡（P162）」**は信徒たちが受けた「弾圧」の歴史を物語る象徴的な場所。島原の乱の主戦場でもあり、多くの信仰道具や人骨が出土している。

Ⅱ 独自の発展を遂げた潜伏期（5資産）

仏教や神道を信仰しているように装った外海の**「大野集落（P142）」**や**「出津集落（P144）」**。自然崇拝とキリストの教えを融合させ、今も当時のままの信仰を護る人々が住む**「春日集落（P148）」**、貝殻を信仰具とした**「天草の﨑津集落（P162）」**がある。禁教時代に信徒が処刑された**「中江ノ島（P54）」**は殉教の地として聖水の採取場とされた。

Ⅲ 信仰継承と拡大期（4資産）

18世紀末、外海からの移住により五島へと信仰が広がった。聖母マリアに見立て観音像を拝む**「黒島の集落（P156）」**、神社の氏子となることで信仰を装った**「野崎島の集落（P120）」**、ほぼ無人（仏教との開拓指導者のみが住んでいた）の島に移り住んだ**「頭ヶ島の集落（P72）」**、未開拓地に移住し自らのかたちで信仰を続けた**「久賀島の集落（P50）」**がある。

Ⅳ 潜伏の終わりと変容期

潜伏キリシタンが移住し、解禁後に教会堂を建てた**「奈留島の江上集落（P60）」**や約250年の禁教時代を経て信徒発見のあった**「大浦天主堂（P136）」**がある。大浦天主堂での「信徒発見」は信徒たちが新たな信仰の局面を迎えるきっかけとなった。

長崎と天草地方のキリスト教の歴史年表

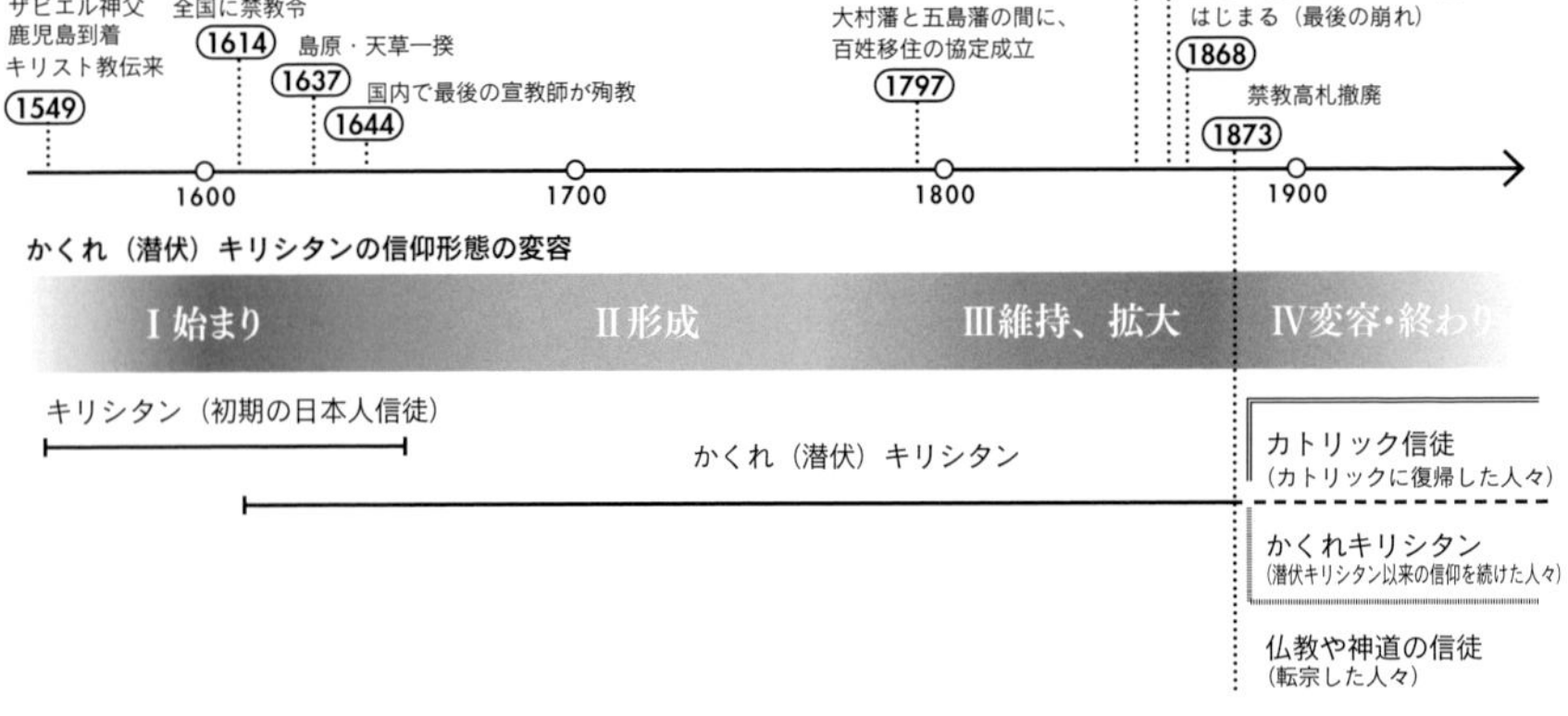

教会見学のマナー

内陣（祭壇）は神聖な場所のため
立ち入らないでください。

聖堂内の写真撮影は
基本的に禁止されています。

教会内での飲食や、タバコの喫煙は
禁止されています。

大声を出さないなど基本的なマナーを
守ってください。

教会堂内の装飾品などにむやみに
手を触れないようにしましょう。

ミサ中の入堂はご遠慮ください。

教会見学の前に

世界遺産に登録された教会の見学は事前登録が必要です（ミサや結婚式で見学不可の場合があります）。詳細は長崎と天草地方の潜伏キリシタン関連遺産インフォメーションセンター（095-823-7650）へ。旧野首教会は、おぢかアイランドツーリズム協会（0959-56-2646）へ連絡を（島にあるため教会を開ける必要があります）。それぞれのＨＰも参考になります。

教会見学はここに注目しよう

❶天井 （Ｐ18参照）

【リブ・ヴォールト天井】
空間を天上へ導くゴシック様式の教会に多い。別名、コウモリ天井・柳梁天井。

【ハンマー・ビーム天井】
柱を持たず、二重に折上げられている。
頭ヶ島教会だけに見られる構造。

【折上天井】
天井の中央部を一段高くして空間に広がりを持たせている。別名、船底天井。

❷柱頭

教会ごとに特色ある意匠の彫刻が施された柱の頭部。

❸ステンドグラス （Ｐ20参照）

それぞれ特色があり、光の加減で教会内の景色を変化させる。

❹煉瓦

イギリス積みは長い面と短い面を交互に積み上げる方式で主流の積み方の１つ（楠原、旧野首、青砂ヶ浦、田平など）。一方、数段の長いものの間に短いものを挟み込むアメリカ式は少ない（堂崎天主堂）。他にもフランス積みやドイツ積みなどがある。

「五島巡礼手帳」スタンプを集めよう

巡礼地52カ所のスタンプを
集めて送ると、長崎大司教区
司祭名の証明書がもらえる。
問い合わせは
NPO法人 長崎巡礼センター
（095-893-8763）まで。

長崎と天草地方の潜伏キリシタン関連遺産MAP

12の構成資産

1. 原城跡／南島原市
2. 平戸の聖地と集落（春日集落と安満岳）／平戸市
3. 平戸の聖地と集落（中江ノ島）／平戸市
4. 天草の﨑津集落／天草市
5. 外海の出津集落／長崎市
6. 外海の大野集落／長崎市
7. 黒島の集落／佐世保市
8. 野崎島の集落跡／小値賀町
9. 頭ヶ島の集落／新上五島町
10. 久賀島の集落／五島市
11. 奈留島の江上集落（江上天主堂とその周辺）／五島市
12. 大浦天主堂／長崎市

五島列島と教会MAP

52カ所の巡礼地

（長崎巡礼センター発行「五島巡礼手帳」より）

1. 福江教会
2. 六方の浜
3. 浦頭教会
4. 堂崎天主堂
5. 宮原教会
6. 半泊教会
7. 楠原教会
8. 水ノ浦教会
9. 打折教会
10. 三井楽教会
11. 淵ノ元キリシタン墓地
12. 嵯峨島教会
13. 貝津教会
14. 立谷教会堂跡
15. 井持浦教会、井持浦ルルド
16. 玉之浦教会
17. 繁敷教会
18. 浜脇教会
19. 牢屋の窄殉教記念聖堂
20. 旧五輪教会堂、五輪教会
21. 江上天主堂
22. 奈留教会

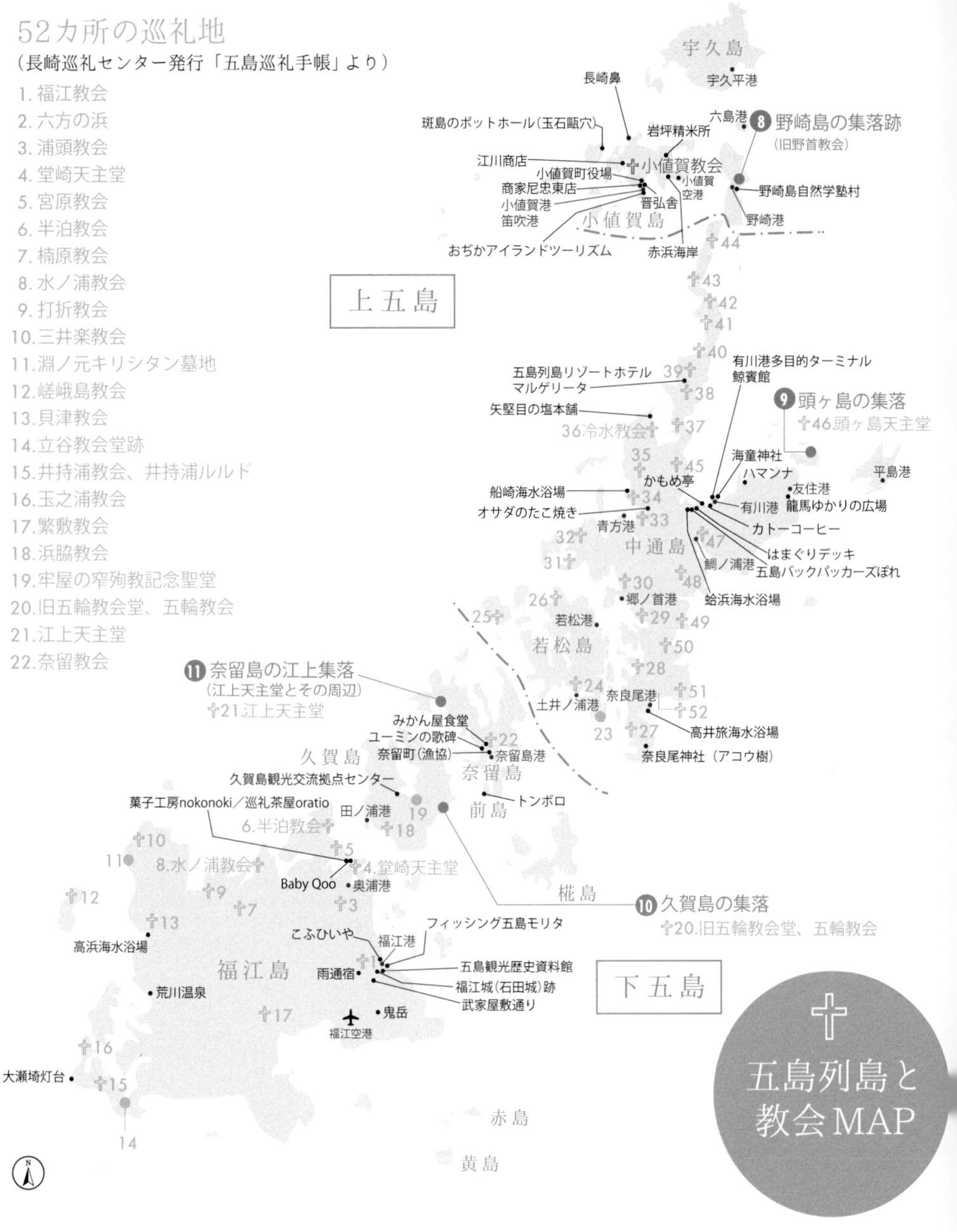

23. 若松島キリシタン洞窟
24. 土井ノ浦教会
25. 有福教会
26. 大平教会
27. 桐教会
28. 若松大浦教会
29. 中ノ浦教会
30. 真手ノ浦教会
31. 焼崎教会
32. 猪ノ浦教会
33. 跡次教会
34. 大曽教会
35. 青方教会
36. 冷水教会
37. 青砂ヶ浦教会
38. 曽根教会
39. 大水教会
40. 小瀬良教会
41. 江袋教会
42. 赤波江教会
43. 仲知教会
44. 米山教会
45. 丸尾教会
46. 頭ヶ島天主堂
47. 鯛ノ浦教会、旧鯛ノ浦教会
48. 佐野原教会
49. 船隠教会
50. 浜串教会
51. 福見教会
52. 高井旅教会

第1章

下五島編

山が少ないため視界を遮る物がなく、
空ばかり見ていた。海岸線を歩くと、
海と空の青が混じり合う。

福江島 始まりの地

福江島（ふくえじま）

人口／約 3.3 万人
面積／ 326.34 ㎢
島での交通手段／レンタカー、バス、タクシー、自転車
下五島の観光に関する問い合わせは「五島市観光協会（0959-72-2963）」または HP（http://www.gotokanko.jp）へ

五島キリシタンの始まり

海沿いを道路がぐるりと一周する福江島。五島のキリシタンの歴史は１５６２年、イエズス会に要請して派遣された日本人医師ディエゴの治療を時の領主が受けたことに始まる。１５６６年、宣教師による布教が始まり、２０００人まで信徒が増加。しかし家康の禁教令により信仰は一度途絶えてしまう。

次に信仰が広がりを見せたのは１７９７年のこと。人口抑制のため、長男以外の間引きを強制していた大村藩に対し、干ばつや疫病で人口減少に苦しむ五島藩が移住を申し出たことに始まる。移住者の多くは弾圧を受けていたキリシタンたちだった。彼らを受け入れた五島藩は当然、外海から来る農民たちが潜伏キリシタンであることは知っていたが黙認した。このことから五島藩のあった福江島は五島キリシタンの復活の地とされている。

弾圧から逃れた彼らは「五島へ五島へと皆行きたがる。五島はやさしや土地までも」と唄って、新天地への移住を喜んだ。噂が広まったことで最終的には約３０００人が外海地区から移住したとされる。しかし、五島にはすでに住民がおり、必然的に彼らが住める場所は、開拓されていない海沿いや山、崖の近くなどに限られた。

「五島へ五島へと皆行きたがる。五島極楽来てみて地獄」。へんぴな場所で貧しい暮らしをせざるを得なかった信徒たちの唄の変容には、どうしようもない現実を過ごす農民や漁民たちの悲しさがにじんでいる。

町の中心地にある念仏踊り「チャンココ」をモチーフにした公衆電話はちょっとした観光スポット

バスの待ち時間は島民同士の憩いの時間。みんな早めに訪れます

船を降りると青い空にプカプカとうろこ雲が浮かんでいた。五島の中で唯一飛行機が飛ぶ都会とはいえ、港そばの入り江には小型船がギュウギュウに係留された見慣れた光景が広がっていて、「やっぱりここも、同じ五島なんだなぁ」と当たり前のことを思う。

福江港から徒歩10分ほど歩き漁港に着くと防波堤に赤い色の漁網が干されていた。鮮やかな色が空色に映える。

ふと見るとすぐそばには24時間誰でも購入できる大きな製氷機がそびえ立っていた。窓のない無機質なそのビルは、まるで未来都市の建物のようにも見える。

防波堤に漁網が干されていた。独特の赤い色は「カッチ」と呼ばれ、防腐のため柿渋を使っていたころの名残

この光景は、私たち五島の人間にとっては当たり前なのだが、「どうやら都会では違うらしい」と知ったのは私が島を出て数年たってからのこと。ビルの壁に埋め込まれた機械に、自販機の要領で百円玉を入れると、水道用のホースの１００倍はありそうな太い管を伝って10キロの氷が「ドカドカ」と落ちてくる様はまるでアトラクションである。せっかく訪れたのならぜひ体験してもらいたいのだけど、問題は「氷をどう処分するか」。捨てるのももったいない。しかし、運がよければ島民や漁師さんが買いにくる場面に出会えるかもしれないので少しだけ足を延ばしたい。

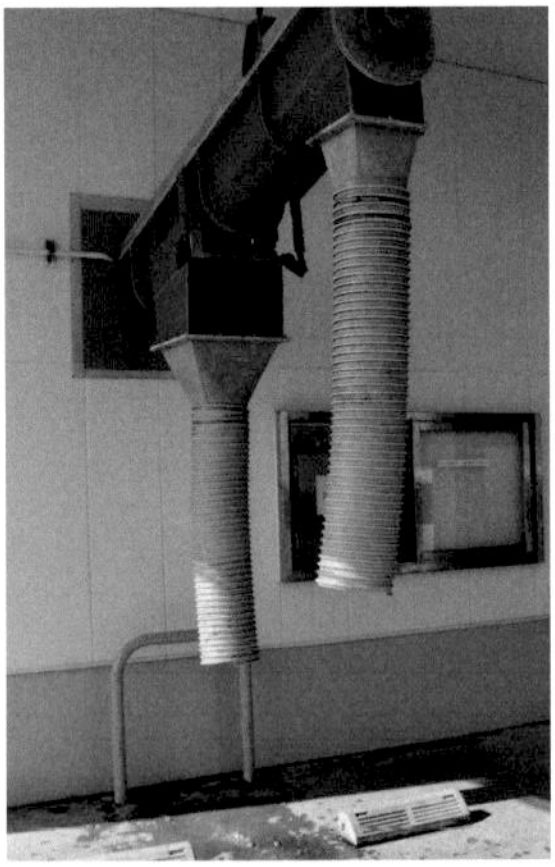

五島人には馴染みの深い巨大な製氷機。落ちてくる氷は迫力満点

お城の本丸は五島高校。略称は「五校」。場内には島の歴史が分かる資料館や図書館もある

漁港とは反対方向に歩くと、10分ほどでお堀に囲まれた城が見え始める。福江藩跡にある五島高校は観光名所の一つでもあり、城の門が校門となっている全国でも珍しい高校だ。制服姿の高校生たちが、自転車を押しながら城門に入っていく姿を見ていると、まるでタイムスリップものの青春映画の一場面を見ているかのような錯覚に陥ってしまう。

五島高校では、赴任してくる先生の引っ越しを生徒が手伝う風習がまだ残っているという。ついでにプライバシーを暴かれる先生にとっては全くもって嬉しくない風習である。私だったら断固断るが、しかし、そこは他人事。新しい仲間を若者たちが迎え入れるための儀式は、いつまでも残ってほしい光景だ。

この島には何度も来たことがあるのに、毎回その景色の素晴らしさに驚かされる。平地が多い福江島には、空を見上げることを邪魔するものは何もない。「空ってこんなに広くて青いんだな」と改めて感じるのは、きっと田舎でしか味わえない、開放感だ。

夕暮れ時、あぜ道を歩いていると後ろから高校生たちが走る足音と息づかいが聞こえ、彼らはすぐに私を抜いて小さくなった。遠ざかる後ろ姿を見て、ため息と同時に「無理だろうな」とつぶやき、しまったと反省する。横断歩道を走るだけで、吐き気がするほど運動不足だと自覚する私は「彼らのように走れるわけがない」と瞬時に感じ、つい、言葉が口に出てしまったのだった。年を取るとすぐに「無理はしない」と判断するようになりすぎて困る。

先頭集団から少し遅れ、何人かがまた私を追い越していく。彼らの走りに合わせて伴奏するように小さな風が通り、稲穂をサワサワとなびかせた。

あぜ道を走る学生たち。上五島と比べて平地の多い下五島の自慢がこの田んぼの景色

行き方／飛行機、船

区分	出発地	所要時間など	到着地
[飛行機]	長崎空港	約30分	福江島
	福岡空港	約40分	福江島
[太古丸]	博多港	約8時間半（野母商船） 宇久→小値賀→青方（上五島）→奈留経由	福江島
[フェリー＆ジェットフォイル]	長崎港	フェリー　約3時間（九州商船） ジェットフォイル　約1時間半（九州商船） ※奈良尾経由便もあり	福江島

※天候によって欠航の可能性あり。問い合わせは九州商船（フェリー、ジェットフォイル：0570-017-510)、野母商船（太古丸：0570-01-0510）まで。ほか郷ノ首（上五島）発などがある。

福江島ってこんなところ

通称「下五島」。島のある五島市は11の有人島と52の無人島からなる。五島列島の中で最大の都会で、ビルもある。九州の西の端にあり、東シナ海の拠点として、仏教、神道、キリスト教などが混じり、多くの歴史の舞台にもなった。五島のシンボル山でもある鬼岳（315m）は市民の憩いの場。子の成長を願う「バラモン凧」を揚げる風景はNHKの朝ドラでもおなじみ。島には14の教会が点在。「念仏踊り　チャンココ」が島の宝100景に選ばれている。

宿泊・食事など／駅周辺にはホテルや飲食店も多く、よりどりみどり。最近ではゲストハウスも増えた。唯一、民間の飛行機でも行ける。

堂崎天主堂そばの堂崎民俗史資料館。十字の入った食器やランプなど、キリシタンの生活を垣間見ることができる

COLUMN_01

防波堤の上

防波堤に上ると空と海しか見えなくなる。強い風が吹くと、体がよろけて、このままポーンと海に落ちるのではないか？と少し怖い。突端まで歩く間、不思議なことに世界からは音が消える。アスファルトや海から夏の日差しが照り返し、肌が焼けるように痛い。

五島人にとって「海で泳ぐ」＝「防波堤から飛び込むか岩がゴツゴツした磯でサザエやミナなどの貝を採る」ということである。ジリジリと肌が焼ける音を聞きながら、ドボンと飛び込む海は最高に気持ちがいい。しかし、成人後はプールですら足をつることしばしばの私。海で１人で泳ぐことは自殺行為に等しいと自覚しており、決してそんな無茶はしない。

突端に座って小石を蹴り、寝床を作って大の字になる。消波ブロックにぶつかった海水がブロックの間に引き込まれる不気味な音が、コンクリート沿いに体に伝わる。しばらくすると、魚が海面を跳ねる音や海鳥が鳴く声も聞こえるようになる。聴覚が研ぎ澄まされ、それまで消えていた音が生まれていく。

のぞき込むと透き通って輝く海底にアジやゴベ（カワハギ）やイシダイの群れやイカ、青く小さな熱帯魚が泳いでいた。こうしてうじゃうじゃと見えるくらいだから、五島では防波堤から糸を垂らせば、すぐに魚が釣れる。特に直径約15㎝程度の小アジは１時間で100匹は釣れ、途中で飽きてしまうほどである。

調子がいいとエサ（撒き餌）を籠に入れるのに約10秒。３匹以上食いつくのに約10秒。竿を上げるのにさらに10秒という感じだろうか。防波堤からスルスルと真下に糸を垂らすとアジ。20mほど仕掛けを投げるとイシダイなどが釣れる。500ｇくらいのイシダイやクロ（グレ）なら30分も粘ればほぼ確実に釣れる。これくらいの大きさがあれば刺し身にもできる。アジで100を狙うか、一発逆転を狙うかは人ぞれぞれ性格が出る。ちなみに私は竿を2本用意し、両方同時にやるタイプだ。

1. 福見教会は煉瓦造としては珍しい折上天井を持つ（新上五島町岩瀬浦郷）
2.3. 頭ヶ島教会（新上五島町友住郷）。折上天井でハンマー・ビーム架構が特徴

教会の天井

長崎の多くの教会はヨーロッパで12世紀後半以降に登場したゴシック建築の特徴を持っている。特に分かりやすいのが聖堂内に大きな空間を生んでいるリブ・ヴォールト天井であろう。コウモリ傘のような独特の羽状の作りは柱へと圧力を流す役目を果たしている。そこから視点を下の柱へと移していくと、その一つひとつが尖頭アーチ（先が尖った円）となっているものが多いことにも気がつく。これらロマネスク建築（10世紀後半）以後に現れた工法により、視線が天へと動き、外光を取り入れることのできる洗練された大きな窓と空間が一体となった教会が誕生した。リブ・ヴォールト天井の教会は大浦天主堂や黒島、田平、旧五輪、江上、旧野首、﨑津と紹介した教会の中でも最も多い。

長崎を中心に、世界遺産となった教会の多くを建設したのが上五島出身の大工棟梁、鉄川与助（１８７９年１月13日生―１９７６年７月５日没）である。彼は地元上五島（中通島）での冷水教会建設を皮切りに、県内外で

4. 青砂ヶ浦教会（新上五島町奈摩郷） **5.** 旧鯛ノ浦教会（新上五島町鯛之浦郷） **6.** 江袋教会（新上五島町曽根郷）
4.5.6 はいずれもリブ・ヴォールト天井

30以上の教会の設計・竣工に携わったとされる。

オーソドックスな教会が存在するからこそ、また異端が面白い。鉄川は、田平天主堂（Ｐ１４８）など、美しいリブ・ヴォールト天井の教会を次々と造り、自身の作品を次第に洗練させていった。一方で船底のような折上天井を持つ頭ヶ島天主堂（Ｐ72）や細石流教会（＝今は廃堂）を建設するなど、新しいことにも挑戦し続けた。こうして鉄川は長崎の教会群の中で個性的な教会を次々と生み出していく。

すすけた赤色の煉瓦が美しい新上五島の福見教会。とある夏の日に訪れると6歳くらいの男の子が階段の上にしゃがみ、アリの行列を夢中になって眺めていた。ほとんどの住民が信徒である福見地区の子どもたちにとって、教会はいつもの遊び場なのだろう。聖堂内では小学生になったばかりくらいの小さな女の子がピアノを弾いている。同じ所で何度も止まり、ぎこちなく繰り返される音色がかわいらしい。彼女を照らす色は黄色。窓の周囲は青色。差し込む2色の光が、教会がある島の港町の風景に溶け込んでいる。

1. 青砂ヶ浦天主堂（煉瓦造り。重文。太陽の動きを考え配置されたステンドグラスの鮮やかさは数ある教会の中でも群を抜いている）　**2.** 頭ヶ島教会（石造り。世界遺産）　**3.** 旧五輪教会堂（五島市蕨町五輪／木造。世界遺産）

ステンドグラス

聖堂の中をいっそう華やかにする細工の一つにステンドグラスの窓がある。江上天主堂（Ｐ60）は信徒により描かれた黄色い花柄模様がかわいらしく、旧五輪教会堂（Ｐ50）の十字模様は2枚の透明ガラスの間にカラーのセロハン紙を挟む。こうした工夫は訪れる人々の心を和ませ、遠い過去の人々に思いを馳せさせてくれる。

自然光を色鮮やかに変化させ、聖堂内を彩るステンドグラスは、その製法上同じ物を作ることができない。また、風などの災害や、ふとした事故で割れてしまうこともあり、そのはかなさからも希少価値を高めている。例えば大浦天主堂（Ｐ１３６）のステンドグラスは、時代ごとに3種が混在していて「どの窓がいつ頃作られたのだろう？」と考えながら見学するのも面白い。

佐世保市の離島黒島にある黒島天主堂（Ｐ１５６）の側面は4個のアーチが連なり、階を別にして上にもステンドグラスの窓が並んでいる。祭壇に敷かれた青い磁器

4. 旧鯛ノ浦教会堂（煉瓦造りと木造。バラ窓から光が落ちる） **5.** 福見教会堂（煉瓦造り。十字の幾何学模様やヤブツバキが描かれている） **6.** 高井旅教会（新上五島町奈良尾郷／木造。赤い屋根がかわいい）

タイルへと落ちる赤と青の光の線はノスタルジックな昔の色だ。

中通島の青砂ヶ浦教会、大曽教会、福見教会はそれぞれ煉瓦造りだが、ステンドグラスが美しい教会としても知られている。世界遺産だけでなく、島中に点在するこうした教会で、それぞれの色を宿した光が、訪れる私たちの心と体を優しく包み込んでくれる。

建設当時のまま残る大曽教会のステンドグラスは桜のような花びらを持つ。すりガラスのように2重になっているのは、光の透過で聖書を読みにくくなるのを防ぐための工夫と言われている。

空や海の「青」、太陽の「赤」と「黄色」、山の「緑」の4色が随所に使われている青砂ケ浦教会は光が差し込むバランスも入念に考えられていて、季節や時間によって聖堂内の表情が変わるので見ていて飽きない。時間帯によって異なる性格を持つ聖堂だが、中でも夕方ごろがその美しさが際立つ時間帯である。西側にある正面の、大きな丸い窓からは一日の終わりを告げる紅色の夕日が入り、色を変え交錯しながら祭壇へと伸びていく。

堂崎天主堂

対岸に住む信徒のため、正面を海に向かって建てられた天主堂

若いシスターが天主堂近くの岬に立ち、小さな手でホラ貝を構えると低く染み渡る美しい音色が海や空や森に広がっていった。かつて行われていたこのミサ開始の合図は対岸まで届き、多くの信徒たちが小舟で教会を訪れていたという。

教会そばの浜辺は、島で初めてのクリスマスミサが行われた場所でもある。冷たい風が吹く砂浜で、堂々と信仰を祝うことができた信徒たちの、全身が震えるほどの嬉しさは如何ばかりかだったのか私には想像もできない。だが緊張し、昂揚する彼らの顔を、チカチカとロウソクの灯りが照らす光景はさぞ美しかっただろうと思う。

天主堂は今、五島の人々の迫害や信仰の歴史を伝える資料館となっている。庭には禁教時代、信徒たちが石をマリア様に見立て祈りを捧げた「クルス像」や五島列島にキリスト教が伝えられた様子を表した「アルメイダの宣教」。建物内には「お帳」と呼ばれる教会暦など約２００点が展示されている。人々が信仰に出会い、迫害され、復活していく苦難の歴史を示す貴重な資料も多い。

庭を一周し、正面に戻ってゴシック式の天主堂を見上げた。歴史が刻まれた赤い煉瓦の上に掲げられた十字架が、まるで青い空に刃を向け、ここにいるぞと主張するかのように荘厳と伸びている。8月というのに、他の観光客はおらず、波の音だけが青空に飛んでは消えていく。

教会にはその造りに様々な工夫がある。例えば、外観は鐘桜を高くし、さらに尖塔アーチにすることで高さが強調されている。また、「フリーズ」と呼ばれる壁の意匠は建物全体に陰影を作り出す。国内の煉瓦造りの建物では1％以下というアメリカ式の煉瓦の積み方も珍しく、のっぺりとした印象になりがちな煉瓦造りの建物にリズムを生みだす役割を果たす。椿をモチーフにした色鮮やかなステンドグラスが計算されたかのように真夏の聖堂を輝かせる。

教会からすぐの民俗資料館は神学生が学んだ教室跡だ。少しコツのいる引き戸を開けると、埃が雪のように舞い、キラキラと太陽の光に反射した。日差しを浴びながら木の床をコツコツと歩くだけで気持ちが良い。私がねこだったら、きっと今日一日、ここから動かないだろう。

教会脇の森から聖母マリアが見つめている視線の先には今も昔も変わらない穏やかな海が、広がっていた

空は青く、絶好のぼんやり日和。触るとざらざらと乾いた赤い煉瓦に歴史を感じる

堂崎天主堂（どうざきてんしゅどう）
（堂崎天主堂キリシタン資料館）
住所／奥浦町2019（福江港から車で約20分）
竣工など／1908年。レンガ造約256㎡。五島初の西洋建築
設計・施行／ペルー神父・野原与吉、鉄川与助
内覧・受付／11月11日〜3月20日　9時〜16時
3月21日〜10月10日　9時〜17時（夏は18時まで）
※変更の可能性あり　休み／年末年始
拝観料／大人300円、中高生150円、小学生100円

半泊教会

ぽかぽかと暖かい太陽の光が大きな窓から届き、柔らかな海風が吹き抜けていく

細くてぐねぐねで急な山道を下ると木々の隙間からキラキラと鱗のように光る海が見えた。「せめてあと少しの間だけ、対向車がきませんように」と祈るように進む。それほどに道は狭い。

見えてきた教会は台風から守るため石垣で囲まれ、一見すると古い民家のよう。屋根と玄関に十字がなければ、ここが教会だと分かる人は少ないだろう。

島の教会は人目を避けた場所にあることが多い。半泊という少し変わった名前は、弾圧から逃れ、移住した信徒の数が土地の広さと比べて多く、「半分だけ」がこの地にとどまったことに由来するのだという。

アーチ状の門から室内に入ると、外観からは想像もできないような、空色の天井や柱が目に飛び込んだ。土色の床や椅子との対比はまるで地球そのものを具現化したよう。折上式の青い天井から視線を戻すと床板が斜めに組み合わされ、1本のラインが祭壇まで伸びていた。

こうしたほんの少しの工夫は、どんなに豪華なレッドカーペットよりもあたたかいなと思う。全てのサイズがちょうどよく、初めて来たのに、いつまでもここにいた

床板の交差模様は、「少しでも見栄えがよくなるように」と信徒たちが工夫したもの

玄関をあけると暖かいたっぷりの自然光が入ってきた

飾り気のない聖堂だが太陽の光があるだけで美しい

屋根の上の十字がないと見過ごしてしまいそう

いと思えるのは、教会の隅々から、今も残る信徒たちの思いが伝わってくるからだろうか。

教会から出ると、潮混じりの、ぺたりとした島風が肌を撫でた。鱗雲が広がる空に向かって軽く屈伸したあと、ずんずんと海辺に歩き、今度は海と空の境界線に向かって思いっきり両手を広げる。そして「んんんっーーー！」っと声にならない声を出した。五島の空はぐーんとずっと先まで舐めるとしょっぱそうな群青色。それは目の前に広がる海と同じ色だ。

半泊教会（はんとまりきょうかい）

住所／戸岐町半泊1223（福江港から車で約30分）
竣工など／1922年。木造平屋。アイルランドからの浄財が建設資金にあてられた
設計・施工／鉄川与助
内覧・受付／9時〜17時まで（冬は16時）

水ノ浦教会

あまりにも白い教会は、空に浮かぶ雲がチョキチョキと切り取られ、そのまま地面へと下ろされたようだった。何でもうがった見方をする醜い心の私には綺麗すぎて、目の前の光景だというのにまるで現実味がない。

聖堂内には赤い絨毯が敷かれ、両脇には古い木の机と椅子が整然と並ぶ。大きな窓からは太陽の光が差し込み、薄緑色のフチで彩られたアーチが白い壁の中で薄い影を作って、柔らかな曲線を描き出していた。

私は椅子に座り、しばしの間天井を見つめる。室内に落ちる光。体を射る熱と同じくらい激しいセミの声が聖堂内にまで響いている。

教会そばの高台に移動して青と白で作られた景色をまじまじと眺めた。教会の向こう側の沖合に百数十年の間、潜伏キリシタンの歴史を刻み、今は無人島となっている「姫島」の姿が見える。

赤いケイトウの花を手にしたシスターが「そこからの

白亜の教会そばの小道を登ると、食事の準備だろうか。集落の家々からいくつもの小さな煙があがっていた

太陽の光が大きな窓を通り教会内に色彩を運ぶ

美しいその姿から弾圧の歴史を思い浮かべることは難しいが、教会を見下ろす高台には、神父の身代わりとなって処刑されたヨハネ五島（二十六聖人）の像や牢屋跡がある

花を代えるシスター。教会のそばには修道院がある

景色、きれいでしょう」と声をかけてくれた。港には小船が並び、青空にトンビが旋回し、古い家々の台所からは煙が出ている。どこにでもありそうだけどどこにもない漁村の風景。空に浮かぶような白い教会のそばには花を摘むシスターがいる。「やはりここは美しい場所だな」と改めて思う。

集落から登る煙を眺めていると腹が減ってきた。海を見て煙を見て、「よし、焼き魚にしよう」と思う。少し運転すると共同浴場「荒川温泉」もある。先にご飯にしようか、それとも風呂にしようか。心が満タンになった私は、そんなことを思いながらゆっくりと丘を降りた。

丘の上の白い教会がまるで雲のように浮かんでいる

水ノ浦教会（みずのうらきょうかい）

住所／岐宿町岐宿1644
（福江港から車で約30分）

竣工など／1938年。木造約349㎡。ロマネスク、ゴシック、そして和が混ざった教会。木造教会としては最大規模の大きさ

設計・施工／鉄川与助

内覧・受付／9時～16時

1. お盆や正月の船はロビーまで人、人、人！まるで難民船のようになる時もある（太古丸）
2. ボウズ頭の中学生？遠征前の宿題タイム（フェリー）
3. フェリーにて親戚の子たち。やっぱりラーメンはマストだよね

で過ごすことにした。風圧で重くなった扉はなかなか開かない。肩を使い押し込むようにして開けると、静かな船内に一気に海風が吹き込んだ。まだ10月というのに海上の風は真冬のように冷たく、甲板に上がった私は「ホットで正解だったな」と自分を褒めながら両手で缶を握りしめる。

コーヒーをひと口飲み白い息を吐き出すと、それを待っていたかのように、甲板のベンチでカップ麺を食べていた長靴姿のおじさんが「もうすぐばい」と声をかけてきた。私は「そうですね」と返しながら「ラーメンもありだったな」と思う。海の上で食べるカップ麺の美味しさは味わったことのある人間にしか分からないだろう。

海上を見ると、水平線の奥から赤い心臓のような朝日が生まれ、少しずつまわりを染めながら広がっていった。「きれいですね」と私がつぶやくとおじさんは「いつもと同じばい」と笑い、カップの底に溜まった具材を割り箸で掻き出すように「ズズズー」と食べ終えた。そして「寒かけん、戻るばい」と言い残して部屋に戻っていった。１人、残された私は、再び缶コーヒーを口に運んだ。目の前にはここでしか体験できない「いつも」の景色があった。

COLUMN_02

船の旅

太古丸の甲板から。オレンジ色に輝く朝日が、島影を浮かびあがらせていく

今から乗る太古丸は福岡～五島列島各地（博多→宇久→小値賀→青方→奈留→福江）を結ぶ大型旅客船である。列車で帰省する場合、東京に住む五島出身者は朝７時台の新幹線に乗らないと長崎や佐世保からの船に間に合わない。少し時間にルーズな五島人にはほとんど絶望的な時間である。

そんな私たちにとって、夜中12時近くに博多を出発する太古丸はなくてはならない存在なのだ。港にある「ベイサイドプレイス博多」に設置された巨大水槽を眺めた後、近くのスーパー銭湯「波葉の湯」で時間をつぶし、体も温まって気持ちよく乗船。寝ている間に実家に着くのであるから、最高だ。

とある夏の日、「いい加減起きんと遅刻するよ」と母に怒られ、寝ぼけながら車に乗って青方港を目指した。外はまだ真っ暗。薄暗くすらない。とは言っても私は助手席に座っているだけで、運転するのは母。「こんな朝早く」とか何だとか、グダグダと運転席から文句が聞こえてくるが、聞こえないふりをした。

青方港から、福江港までは船で約１時間。「寝過ごしたくないな」と考えた私は、横になるのを諦め、眠気覚ましも兼ねてコーヒーを買い、甲板

雨通宿

トンボが舞う夕暮れ。少し早めに今日の宿である「雨通宿《うとじゅく》」へ。案内された倉庫のような場所にある薄暗い受付には落ち着いた洋楽が流れ、あちこちが間接照明で照らされていて、まるでオシャレなバーのよう。しかし、よく見ると、淡い光に照らされているのは、うずたかく重なっている布団だった。そのアンバランスさに「ここは当たりだな」と直感的に思う。

夜になり、カウンターに座ってカランカランとグラスを傾けた。当時、バーのマスターだった都美香《つみか》さんによると、本業は父が営む布団屋なのだそう。布団の中身を交換する方法や、布団の作り方など、音楽を聴き、酒を飲みながら専門家から布団うんちくを聞けるバーというのも珍しい。

宿で使っているのは五島の湧き水で洗われ、日差しをたっぷりとすった布団だという。「太陽にくるまれたような気持ちでぐっすりと休めますよ」と言う都美香さんの言葉に、今晩、眠るのがぐっと楽しみになった。

宿のあちこちに五島を舞台にした映画『くちびるに歌を』の写真や出演者らの寄せ書きが残っていた。聞くと方言を覚えるため、島に住む女子中学生を演じた子どもたちがいたそうだ。

ふとおかみさんが「みんな宿中を下着姿で歩きまわって……。修学旅行の引率の先生をやっているみたいで、毎日毎日騒がしくて、本当にまるで戦争でした」と話すと「本当に大変だった」「うんうん」と、家族らが何度も同調してうなずいていた。それでも、みんな楽しかったようで、懐かしそうだ。こうして1本の映画が島の人にくれた楽しさや自信は計り知れないものがある。

都美香さんが、「外で遊ぶことを禁止されていたけどスタッフさんにばれないよう、新垣結衣さんと子どもたちと女性陣みんなで川遊びにも行ったんですよ」と当時の裏話も教えてくれた。しかし、結局お酒が進み、最後のころになると「ガッキーがやっぱりダントツでかわいかった」という話ばかりになり、店で飲んでいた地元のお客も含めて、全員が再びうんうんと何度もうなずく。

布団屋さんが経営する五島市のゲストハウス「雨通宿」。夜は「ふとんバー」としてお酒も飲める。現在のオーナーは都美香さんの兄、彦一（げんいち）さん。都美香さんは2022年夏現在、近くで居酒屋「きまぐれ」をしています
住所：長崎県五島市木場町500-5。問い合わせは080-6421-5468まで。レンタカーやレンタルバイクの手配も可能

『くちびるに歌を』

五島列島を中心に撮影された。主演は新垣結衣、生徒役として葵わかなも出演。2015年公開。配給アスミック・エース。主題歌はアンジェラ・アキ「手紙～拝啓十五の君へ～」。

COLUMN_03

海の宝物

五島には白い砂浜だけでなく、丸い石が敷き詰められた海岸がいくつもある。海底をごろごろと転がりながら遠い海からやってきた、つるつるの石たちが一面に広がる海岸。その中でキラリと光る物を見つけたらそれがシーグラスだ。

最初はまるで鋭利な刃物のようだったガラス片が、広い海を旅する間にここまで優しく丸みを帯びるなんて！高校時代にやんちゃした不良が、長い人生経験を経て、角が取れ、優しさを覚えて縁側でくつろぐおじいちゃんになったみたいな現象である。

シーグラスとは、海に落ちたビンの破片が波にもまれ、海底で岩などにぶつかりながら移動する間に、周囲がこすれて丸みを帯び、曇りガラスのような風合いになるガラス片のこと。拾い集めたり、ネットオークションで買ったりして、ランプの材料にするのも素敵だ。

夏。若松島から橋や防波堤を渡り、漁生浦島と有福島を通って人口約40人の「日の島」の海岸についた。

どこかで割れた瓶がこうして海岸に打ち上げられるのだろう。緑や茶色、透明の物が多く、赤や黄色は滅多にない当たり。中でもオレンジや黒はとても珍しいらしい。

「さぁ、葵よ。五島を紹介するために頑張って拾ってくれ」と言うと、ものの５分ほどで小さな手のひらは淡い色のガラス片でいっぱいになった。「せっかくだから」とスーパーの袋に詰めて持ち得る。

拾ったピンク色の大量の貝殻。拾った変な形の流木。拾った松ぼっくり。それに拾ったシーグラス。そういえば、せっかく拾った波斬りしやすそうな石を私たちは我慢できずに使ってしまった。小さな島を子どもたちと1日ブラブラしていると、小さな車の荷台が小さな海の宝物の香りでいっぱいになる。

黄島　ねこたちの楽園

黄島（おうしま）

人口／35人、ねこ約100匹（島民談）
面積／1.39 km^2
島での交通手段／徒歩のみ

ねこの島

布団から這い出てカーテンを開けると、空の隙間からいくつかの小さな星が見えた。だが、風はまだ森全体を揺らし、ゴゥゴゥと不気味に木々のすれる音が聞こえる。「今日は欠航」という島内放送はなかった気もするが、寝ぼけていたので自信はない。台風が直撃し、島中に雷が響いていたのは昨日までのこと。テレビによると「今日の天候は少し回復するでしょう」らしい。

郷ノ首港に着くと沖合に白波が見えた。船は出るようだが、岸からすでに波が見えるということは、今日はかなり揺れるということである。「やだな。乗りたくない……」。その辛さを知るだけに、私の足取りは非常に重い。

今日訪れる1周1キロほどの黄島は35人ほどの島民に対し、4倍近い数のねこが住んでいる通称「ねこ島」と呼ばれている島。福江からの定期便は1日2往復しかなく、天候や日程の関係でこれまで幾度も上陸を断念していたのだった。

少し酔い、福江港で乗り換えると船内では黄島の島民と思われるおばあさん2人がすでに横になり臨戦態勢に入っていた。そう！　船が小型になるここからが揺れの本番なのだ。「酔うけん、はよあんたも寝らんね」と言われた私は、慌てて足を折りベンチ式のイスに横になる。

出港からわずか5分後。案の定、私の額は脂汗でびっしりと濡れていた。波に合わせ胃がせり上がり、「ごめんなさい、ごめんなさい……」と、小さな声で姿の見えない誰かに謝り続ける。時計が進むのが異様に遅い。「もうだめ……」何度もそう思ったころ、ようやく島影が見え始めた。

小さな船が島に接岸した途端、老人たちがどっと入って来てあっという間にいなくなった。それぞれが福江のスーパーなどに注文していた大きな荷物を抱えている。

私に気づいた1人の老婆が「ねこね？」と叫んだ。大きな声でないと会話が海風にかき消されてしまうのだ。「そうです。どこにいけばたくさんいますか？」。負けじと私も叫び返す。するとその老婆は「あの辺にいっぱいおるばい」と赤い屋根の家を指さした。老婆によると、そ

使われなくなった分校に黒ねこがいた。よく見ると壁が破れ、誰でも（ねこでも）出入りし放題になっている

の一帯を通称「ねこ通り」というらしい。

さっそく向かうといるわ、いるわ。ねこだらけである。私を見ても「どうでもいいよ」とツンとすまし、逃げようともしない。ひなたぼっこやじゃれ合いに夢中だ。しかし、それにしてもこの集落には全く人の気配がない。この島にいるのは私とねこだけではないかという錯覚に陥るほど。まさに「ねこの島」である。

港で会った老婆が突然路地からにゅっと現れ、「もうねこなんかよかろう。着いて来んね」と言いながら、私の前をスタスタと歩いて行った。「あの、どこに……」後ろから声をかけても老婆は応えてくれず、黙々と歩く。私は「この人は本当に人間だろうか。もしかして妖怪ではないか」と思うが当然口にはしない。

すぐに廃校にたどり着き、玄関を開けると1匹の黒ねこがバタバタと慌てて逃げていった。よく見ると校舎の壁一面に大きな穴がある。これじゃあ、誰でも入り放題だ。そこでようやく老婆が「島のねこは人に懐かんとです」と笑いながら振り向いてくれた。「よかった、どうやら人間のようだ」と私もほっとして、「そうみたいですね」と笑い返す。「島には子どもはおらんばってん、よかとこですばい」と老婆が続ける。

「そろそろ船の時間があるので」。島の歴史なども教えてくれた老婆にお礼を言い、校舎を出ると雨が路面を濡らしていた。頭上にノートをかざして走る私の背に「次は天気のよか日に来んですか！」と叫ぶ声がぶつかった。港と違って風はなく、背中にドンとぶつかるように今度ははっきりと聞こえる。「はい、また来ます」と私は振り返って負けじと叫び返した。

島の中心地である通りを歩く。人の姿はない

行き方／船

福江島 ―35分― 赤島 ―5分― 黄島

※天候によって欠航の可能性あり。船は1日2便。問い合わせは黄島海運（0959-72-8963）まで。

黄島（おうしま）ってこんなところ

捕鯨で栄えた島だが、現在の人口は約35人。人よりもねこの数が多いねこの島として有名。水脈がなく、雨どいから貯水タンクに雨水をため生活水として利用、海水の淡水化施設が世界で初めて設置された。黒い溶岩を積み上げて造られた黄島港の「石積みの堤防」が島の宝100景に選ばれている。

宿泊・食事など／民宿おうしま（0959-73-6905）、民宿山下（0959-73-6902）。

ジッとこちらを警戒している。奥の子は風を避けて岩陰へ

赤と白の混ざる島椿。ねこたちは縄張りを巡回してまわる

子ねこたちは好奇心旺盛。ぴょこぴょこと隠れながら着いて来て、私の偵察を続けていた

2

1

3

1. とある家の玄関前でぴたりと寄り添う一団を発見。白と黒のまだら模様もかわいい
2. 警戒しながら、私をいざなうようにして前を歩く黒ねこたち
3. もうすぐ無人島となるかもしれない黄島の集落にはなんとも言えない哀愁が漂っていた

COLUMN_04

崩れ―オラショ1

信徒発見後、改宗したと見せかけて信仰を守り続けていた人々＝「かくれ（潜伏）キリシタン」のことが知れ渡ると、信徒たちは激しい弾圧にあった。浦上地域や五島など信仰心の厚い場所で繰り広げられた激しい弾圧のことを「崩れ」といい、特に「浦上四番崩れ」や「五島崩れ」が有名である。

1612年の切支丹（キリシタン）禁教令以降、幕府が倒れ、自由貿易や開かれた政治を目指した明治政府。しかし、一方では神道による思想統一を目指すという矛盾を抱えていた。

「浦上四番崩れ」は信徒発見から２年後の1867年の迫害のことをいう。最初の告白（信徒発見）以降、村民のほとんどが堂々と信仰の名乗りをあげた浦上村（今の長崎市浦上地区）では、約3400人いたほとんどの村人が流刑された。最初、彼らはそれぞれの地で棄教するよう優しく説得されたが、従うものはほとんどいなかったという。彼らの信仰の強さに対し、次第に拷問による棄教の強制が始まっていく。信徒たちは水責めや狭い部屋に何人も押し込められ、ろくな食事も与えられなかった。改宗を強制したこの崩れでは、拷問で600人以上が殉教したとされる。

政府は明治元年（1868年）、改めて禁制を出したが、すぐに諸外国との間で外交問題となる。

1873年、約250年続いた禁教令がようやく“黙認”され、浦上の人々は約５年ぶりに故郷の地を踏むことができた。ようやく公式に信仰が認められたのは1899年のこと。しかし、信仰が許された後も信徒たちが洗礼を受けなかった地域も多い。信仰が子らへと伝わる過程でゆっくりと変化していき、その地域独自のものへとなっていたためだ。

かくれ（潜伏）キリシタンたちは神道や仏教を信仰しているかのように装いながら、長い年月をかけて信仰を守り続けてきた。彼らは外部に信徒であることが漏れるのを防ぐため、伝承だけで信仰を受け継いだ。その口伝のことを「オラショ」といい、地域によって変容しながら今も受け継がれている。

前島　青い海と珊瑚の島

前島（まえしま）

人口／ 25 人
面積／ 0.47 ㎢
島での交通手段／徒歩のみ

40分で島を半周。珊瑚の島へ

奈留港から約15分。30人ほどしか人が住んでいないという前島に向かうため、少しレトロな「津和丸」に乗る。

小さな船には、買い物帰りの島民2人と、こちらも前島の住民で船の係員の計3人だけしかいない。船内には本日のスーパーのチラシが置かれていて、島民のおばさんがそのチラシを見ながら「あー、これも安かったんだ」と後悔しているのが聞こえる。

島には2カ所の港があり、最初に着岸する笠松港から船で5分ほど先に進んだ位置に江の浦港がある。最初に笠松港に降り、ゆっくりと海沿いを歩いて行くと、ちょうど江の浦港で待つ船が出航する時間になる。道は一本道だから、決して迷うことはない。

山すそに沿って目の前には底が見えるほど透明な海が広がる。雲一つない青空には、トビが甲高い鳴き声をあげながらグルグルと旋回し続けている。

どこの島もそうだが、いわゆる住宅街を歩くと、過疎化と高齢化が進んでいることを思い知らされる。ここ前島でも人の住まなくなった家にはツタが絡み窓ガラスは割れ、陸の小舟にはびっしりと草が生えていた。数年後、あるいは数十年後、ここはひょっとしたら無人島になってしまうのだろう。

途中ですれ違ったおばあさんが「今日は全然だめやったばい」と自転車の籠いっぱいになった魚を見せてくれた。「全然釣れんやったよ」と言うが、籠の中は「これで全然？」と思うほどびっしり魚で埋まっている。さきほどまでトビが旋回していたのは、これを狙っていたのかもしれない。

唯一の観光地「トンボロ」を見るため、会話もそこそこにし、少し早歩きになる。島の滞在時間は40分しかなく、あまりゆっくりとはできないのだ。

「何とか間に合いそう」とトンボロを見下ろすことができる山道を登ると、クモの巣が幾重にもはりめぐらされていた。1メートルおきに現れる彼らの美しい作品を、無慈悲に小枝でからめ捕りつつ進む。文字通り山を越えてどこかに向かう、この感覚、何だか久しぶりだ。

前島までの船内。窓に激しく波しぶきがあたる。津和丸は2016年に引退し、今は喜代丸が運航

船の中には本日のスーパーのチラシが準備されている

おばあさんの自転車籠。豊かな海に囲まれている

海中にはテーブル珊瑚がびっしり

積み上げられた薪。島で燃料は貴重で高価らしい

島はトンボロ（普段は海なのに干潮時には石州を歩いて渡れるようになること）が有名。干潮時には約400m先にある無人島の末津島とを結ぶ

行き方／船

奈留島 ―7分― 前島 笠松港 ―8分― 前島 前島港

※天候によって欠航の可能性あり。問い合わせは喜代丸（0959-75-2727）まで。
※乗船には予約が必要です。

前島ってこんなところ

奈留島の南海上2㎞にある人口約20人の島。北側にある笠松地区と西側にある江の浦地区からなる。島の面積は0.47㎢、周囲は5.6㎞。エメラルドグリーンの海はどこまでも水底が見え、紫水晶が取れる。干潮時には島の南西と砂浜でつながる「トンボロ」現象が起こる。人口減少で廃墟の家も多いが、島民たちは明るい。もちろん島ねこも多い。
※宿泊や食事をできる施設はありません

人が住まなくなった家の古い井戸

久賀島　兄弟2軒2夫婦が守る教会

久賀島（ひさかじま）

人口／約280人
面積／37.24km²
島での交通手段／徒歩、タクシーと乗り合いバス。車や自転車の持参者も多い。久賀島の観光に関する問い合わせは「久賀島観光交流拠点センター(0959-77-2115)」。同センターでは島の食材を使った食事もできる（要予約）

親切にもほどがある人々

港には真っ黄色な船「シーガル」が浮かんでいた。福江と久賀を結ぶ船は「フェリーひさか」もあるのだが、こちらは鮮やかなピンク色。東南アジアのバイクのように派手な色をした2隻の船は、遠くからでもよく目立つ。

船の地下にもぐると両壁がスケルトンになっていてまるで水族館のよう。青い熱帯魚が岸壁をついばみ、キラキラとうろこを反射させたアジの群れが目の前を通り過ぎる。退屈な船旅で出合えたアトラクションに胸が躍っていると、エンジンに合わせて海中に小さな気泡がぽろぽろと舞った。シャボン玉のようにふわふわと水中を浮遊する様は幻想的で、私の期待はさらに高まっていく。

エンジンは次第に温まり、次第にブクブクと気泡も大きくなる。「ゴオオッ……」。数分後、大量のバブルが噴射し、一瞬で辺りは泡だらけになった。「移動中見えないとはまさかの盲点……」。次々と玉が流れる様を眺めていると、まるで海にのみ込まれていくような気分になる。

港に着くと、一緒に乗っていた背広姿の老人が、自分の小舟に乗り換え、あっという間に向こう岸へと消えた。競艇選手並のスピードである。「移動は車より船。さすが島」と感心して振り返ると、港にはもう誰もいない。日常的に船を使う島人たちは港での解散が異常に早い。

島に到着して10分。私は無料巡回バスを待っている。時刻表によるとすでに時間は過ぎていたが、私は「島時間だな」と解釈して待ち続けている。そんな私を見かねたのか、男性がどこからともなく現れ「バスは行ったばい」と教えてくれた。バスは島民しか使わないので、私を客だと思わなかったのだろうとのことだ。言われてみると確かに5分ほど前、大きなワゴン車が私を品定めするかのようにゆっくりと目の前を通り過ぎていった記憶はある。どうやらあれがこの島の「バス」だったらしい。

すると男性がどこかに笑いながら電話してくれた。だが、私の常識ではバスに乗り遅れては次のバスを待つしかなく、しかし時刻表を見る限り、次のバスはもうない。

3

1

4

2

1. ピンク色の船内。特等席は取られていた
2. 聖堂周辺にあった島人からのメッセージにほっこり
3. まるで水族館のような船内の地下。海の上で停泊させ、ゆっくりと海中散歩を楽しめる観光コースもある
4. シーガルから背広姿で降り、船に乗って去っていく島民

「すぐ来っるっちた」。その言葉が何を指しているのか分からず、きょとんとしている私に、男性は笑いながら「待ちょかんね」と言い残し、どこかに消えた。

5分ほどで普通の自家用車が来て、運転席から見知ぬおじさんが「ごめん。客っち思わんかったらしいか。はよ乗らんね」と私に声をかけた。聞くとバスを運営するタクシー会社の人で、無料で乗せてくれるという。わざわざ迎えに来てくれ、しかもタクシー会社なのに無料って……。あぁ、五島の人は親切にもほどがある!!

行き方／船

出発	便	所要時間	到着
福江港（福江島）	旅客船	約20分	久賀島
福江港（福江島）	フェリー	約35分	久賀島
奥浦港（福江島）	フェリー	約20分	久賀島

※天候によって欠航の可能性あり。問い合わせは五島市観光協会（0959-72-2963）または木口汽船（0959-73-0003）まで。旅客船はシーガル、フェリーはフェリーひさかです。

久賀島ってこんなところ

ツバキの島であり、一部の原生林は県の天然記念物に指定されている。信徒発見以降、多くの島民が名乗りあげたことから最初に「五島崩れ（弾圧）」が行われた。牢屋の窄殉教記念聖堂（P 131）はその時の牢屋跡。全国から信徒が訪れる「巡礼の島」でもある。空海（弘法大使）が乗った遣唐使船が最後に立ち寄った島でもある。

宿泊・食事など／宿は1軒のみ。深浦荘（0959-77-2366）商家跡を改造した久賀島観光交流拠点センター（0959-77-2115）では昼食もできる。港から徒歩約1時間

世界遺産

旧五輪教会堂

久賀島の集落

信徒発見以降、各地の指導者たちは、島を代表してひそかに長崎に渡り、信仰を告白。教理の指導を受けた。すると、まるでたかが外れたように、潜伏キリシタンたちが公に信仰を表明するようになってしまう。しかし、時代はまだ禁教時代。１８６８年、五島中で崩れ（五島崩れ）が始まってしまった。

特に五島藩が外海から多くの開拓移民を受け入れていた久賀島での弾圧は激しく、6坪の牢の中に約２００人が閉じ込められ、42人が亡くなった「牢屋の窄殉教事件」を引き起こす。この悲劇はプティジャン神父によってヨーロッパに伝えられ、各国から非難を受けた明治政府が「宗教自由化」へと大きく舵を切る大きなきっかけとなった。こうして最後の「崩れ」が行われた久賀島は世界中の信徒が訪れる巡礼の島となる。

世界遺産となった旧五輪集落にある旧五輪教会堂は、現存する国内最古の部類に入る木造教会でもある。旧浜

大きな窓から光が広がる教会内。地元の人らが今も大切に扱っているため、ほこりひとつ落ちていない

世界遺産となった旧五輪集落の前には透明な海が広がっている

入り江に建つ新旧の教会。左が旧五輪教会堂

まるで番犬ならぬ「番ねこ」

脇教会を立て替えた際、五輪地区の人々が譲り受けた。

1984年の台風で一時は取り壊しの寸前までいったが、地元住民が聖堂を守ることを決意して残された。今は老朽化のため使われておらず、そのため聖堂内の撮影ができるという点でも貴重な教会だ。

今は兄弟2家族、4人しか住んでいない旧五輪集落へ行くには、小さな山を徒歩で下る必要がある。山道を降りていくと、主がいなくなった石垣に混ざった小さな貝殻に、ステンドグラスのような木漏れ日が反射し、キラキラと光っていた。こうして、かつて多くの人が住んでいた名残が至る所にあり、少し寂しい。

三廊式の内部は椅子も机もなくがらんとしている。表から見ると純然たる日本家屋なのに、内部は立派なリブ・ヴォールト天井があり、中にはゴシック風の祭壇が残る。しかし、聖堂は決して朽ち果てているわけではなく、むしろほこりひとつない。廃堂となり30年近くたっているが、それでも建物や人々の息づかいを感じるのは、今もこの教会が地域で大切に守られている証しなのだろう。

　聖堂の前で、教会守の女性が落ち葉を掃いていた。ふと見ると、彼女の足元には1匹のねこが座っている。どことなく気品のある彼女（たぶん）は、すと立ち上がると、私のまわりを品定めするかのようにぐるりと一周し、まるで招き入れるように教会に入っていく。「いいんですか？　おしっこしません？」。とっさに出た私の素朴な疑問に教会守の女性が「絶対にしないから大丈夫。中であなたを待ってますよ」とほほえんだ。

　聖堂に入ると、先に入ったねこが中央に座り、背筋をピンと伸ばしてじっと私を見つめていた。まるで先ほどの会話を聞いていたかのような冷たい視線を感じる。観念して目を合わせると「そんな失礼なことはしないわ」という感じでプイッと顔を背け出て行ってしまった。私は慌てて謝りながら追いかけたが、全ては後の祭り。プリプリとしながら海岸線を歩き、民家に入ってしまう。

　教会の見学を終えて外に出ると、先ほどの子が、集落に住む漁師のおじさんの足元に座っていた。「飼っちょっとですか？」と聞くと、「勝手に来るけん、ご飯ばあげよるだけたい」とおじさんが返す。「それ飼っちょるじゃなかですか！」と思わずつっこむ私に、おじさんが「微妙に違うとばい」と豪快に笑う。

　ふと「あんた前も来たろ？」と聞かれたので驚いた。確かに1年前、私はここに来て、おじさんと挨拶程度の話をしていた。「よく覚えてますね？」と感心すると、おじさんが「2回会えばもう友達たいね」と冷蔵庫から取り出した缶コーヒーを投げてよこした。初対面のようで初対面でない2人。その辺に座ってコーヒーを飲み、ただ穏やかな海を眺める。足元にはあの子が座っていた。私は「さっきはごめんよ」と頭をなでる。ねこは大きなあくびをして、じっと海を眺めている。

「ほらね、飼いねこじゃない証拠に逃げるでしょ」と笑う

旧五輪教会堂（きゅうごりんきょうかいどう）

住所／福江市蕨町993-11（港から車で約40分後、徒歩で山道を約10分）

竣工など／1881年。1931年、現在地へ移築。約150㎡

設計・施工／不詳

内覧・受付／8時半〜12時／13時〜16時半

※月曜と火曜(隔週)は、自由見学

色鮮やかな入口のドア。随所にある細かな装飾やゴシック様式の祭壇も貴重

COLUMN_05

崩れ―オラショ2

「私が嫁いできた後も、この家では“かくれ”が続いていたの。でも受け継ぐ人がいなくてやめてしまったわ」。夕方の奈留島。矢神集落で出会った南夫婦が自宅に招待してくれた。押し入れから取り出し見せてくれた１冊の古いわら半紙には、本来なら口承のみで伝えられる「オラショ」が書かれていた。何度も読み込まれたのだろう。あちこちすり切れ「ここで頭を３回下げる」など、まるで受験生のノートのように細かなメモが書き込まれている。

禁教時代、潜伏キリシタンたちは神道や仏教を信仰しているかのように装いながら、信仰を守り続けてきた。彼らは外部に漏れるのを防ぐため、口伝だけで信仰を受け継いだ。これを「オラショ」という。オラショは地域によって少しずつ変容しながら今も子孫たちに受け継がれている。

オラショで最初に行われるのが、神寄せの儀式である。神寄せとは、その名の通り神を呼び寄せること。しかし、オラショの神寄せはキリストだけでなく殉教者や聖者、仏教など様々な神を呼び寄せる。

平戸市の生月島などいくつかの集落には、今もかくれのままの人が住む場所があり、島の東には多くのキリシタンが平戸藩に処刑された殉教の無人島、中江ノ島が浮かぶ。信者たちは、処刑地の島まで運ばれる途中、両手を後ろに縛られながら船上で賛美歌を歌い、その様子をひっそりと見送った人々は、陸の上から静かに「オラショ」を唱え続けたという。

「生月町博物館・島の館」では中江ノ島で起きた殉教の背景や、潜伏キリシタンの資料が数多く展示されている。

「メリウルシニヤウルルニヤ」。南さんが半紙の文字をなぞりながらオラショの一節を唱えてくれた。意味を聞くと「さっぱり分からない」のだと笑う。数百年の間、意味が分からなくなっても大切に何かを守り続けてきたかくれの人々の歴史を垣間見た気がした。

奈留島　信仰の島

奈留島（なるじま）

人口／約1970人
面積／23.68㎢
島での交通手段／タクシーやバス、レンタカーなど。自転車レンタルもある

ここは五島のど真ん中

五島列島の真ん中にある奈留島はハート型の水晶が取れる小さな島。歌手、松任谷由実さんが、校歌のない分校のために作った歌「瞳を閉じて」でも有名だ。

港には島の日常を紹介したアルバムならぬ「ナルバム」や島情報満載の「奈っじま通信」が置かれ、五島を舞台にした漫画「ばらかもん」の主人公「ナル」の等身大？　パネルもあり、まさに「なる」づくしである。

観光案内所のおじさんと雑談していると、レンタカー屋のおばさんが「温まるけん」と1杯のコーヒーを差し出してくれた。振り返ると船を待っている他の人に次々と「寒かろう」と配っていく。

「面白そうな人発見！」と思い、「取材させてください」と話しかけたが、「私はよかー」と恥ずかしそうに部屋に小走りで逃げて出てきてくれない。こうした何気ない動作だけで「ここはいい島だな」と思う。

午前7時に当時地域おこし協力隊だった東《ひがし》さんと合流。今回は事前に役場に相談し、案内をお願いしていたのだ。聞くと「ナルバム」などは彼女の手作り。港で雑談した漁師さんらが「東さんと待ち合わせです」と言うと「東かぁ」と口を揃えていて、その愛ある口調から彼女が島の人たちに溶け込んでいるのが分かる。彼女のように島を盛り上げようと奮闘する人に出会うと、私は少し後ろめたい気持ちになる。島を出た人間がいくらこうして地元を紹介しようとも、中で頑張る人には到底かなわないとつくづく思う。

とある集落で車を降り、小道を登ると桶いっぱいの魚を捌いている夫婦に出会った。知り合いらしく東さんを見るなり、「何しよっと？　ちょとまっちょけ」と家からビニール袋を持ってきて「ほい。持っていかんね」と袋を手渡した。中には食べるのに1週間はかかりそうなほどの魚が入っている。朝起きて2時間ほどでアラカブなどを100匹ほど釣ってきたのだそうだ。

アラカブは岩と岩の間に鉛つきの針を落とすと比較的簡単に釣れる五島人にとっての大衆魚。私は幼少期、父から「東京では高級魚ばい」と自慢げに言われ、常々

1. 港には奈留島の日常を切り取った「ナルバム」が置いてあり、いい暇つぶしになる
2. 島には店が少なく、毎朝多くの人が福江市に買い物に出かけていく
3. 港では五島が舞台の漫画「ばらかもん」のキャラ「ナル」がお出迎え

「ここ東京じゃなく五島やし」と思いつつ、「肉がいいにくにく!!」と文句を言いながら無理やり食べたクチだが、東京では本当に高級魚で、しかも鮮度が落ちてまったく美味しくないことに驚き「五島ってすごいな」と改めて思ったことがある。

見た目は深海魚のようにグロテスクだが、五島では普段の味噌汁の具に使う地元の味。5分もあれば簡単に釣れるので、五島を訪れたらぜひ自力で釣ってほしい。

行き方／船

[太古丸]
博多港 — 約7時間40分 — 宇久→小値賀→青方（中通島）経由 — 奈留島

[フェリー]
長崎港 — 約4時間半 — 福江島経由 — 奈留島

若松港（中通島） — 約50分 — 土井ノ浦（中通島）経由 — 奈留島

※天候によって欠航の可能性あり。問い合わせは野母商船（太古丸：0570-01-0510）、九州商船（0570-017-510）、五島旅客船（0959-72-8151）まで。

奈留島ってこんなところ

五島列島のほぼ真ん中に位置する。小学校の前にある唯一の信号は「島を出る子どもが将来困らないように」との願いを込めて設置された。約6割が「かくれキリシタン」の末裔といわれる。松任谷由実さんの「瞳を閉じて」の歌でも有名。島民の多くは漁業に携わる。ターミナル内のインフォメーションセンター（0959-64-3383）も観光の相談に乗ってくれる。

宿泊・食事など／奥居旅館（3135）、民宿しろやま（2717）、旅館福良（3106）、民宿かどもち（2580）、奈留レンタカー（2148）、奈留島港レンタカー（2168）
※（　）内の番号は 0959-64-(●●)

「恥ずかしかぁ」カメラを向けると、たいていの島民の人はこうします

空がほんのりと赤くなり始めたころ、漁師たちが港に戻ってきた。水揚げの様子を撮影しようと、カメラを構えると「そがん遠くでじゃなく、こっちきて撮らんね。よか男に撮らんばぞ」と漁師たちが船上に案内してくれた。私は初めて漁船に乗り、いけすから魚たちが網ですくわれる様子を眺める。これまで透き通るほどに透明だったイカがあっという間に怒りと興奮で赤く染まり、黒い墨をまき散らした。

昼食を食べ終え、ひと休憩したころになると、どこの集落でもおばあさんたちが夕食の魚を釣ろうとしている光景に出合う。ほっかむりをした老婆たちが、黙々と魚を釣り上げていく様はどこか神々しくすらある。

田岸の集落で軽トラをとめ、畑仕事をしていたトミ子さんに話しかけると、「そがんとこに立っとらんで、こっちにかたらんかな（かたる＝一緒になる）」と誘ってくれた。私たちはトミ子さんの横に座って一緒にタマネギ畑の雑草を抜きながら、世間話をする。すると何のきっかけか、ふと戦時中の話になった。

島の案内をしてくれた元地域おこし協力隊の東さん。任期終了後も島内でカフェを経営しているそう

とある日。島中にごう音が響き、山を越えた田んぼの中に一機の戦闘機が落ちた。とても激しい音だった。幼いトミ子さんは好奇心を抑えられず見に行ったという。なるほど、そう聞くと、スカートをたくし上げ、山の中を草履で駆け上がるおてんばな少女が目の前の優しげな老婆と重なって見える。

幸いにも乗っていた若い操縦士は無事で、すぐに入院し、島の人たちは「命があってよかった」と胸をなで下ろした。しかし、その少年は回復すると再び戦地に赴いた。その後の彼の消息は分からないという。

「せっかく助かったとに、なんばしよっとか」。彼女の言葉には、戦争を経験した人だけが持つ重みがあった。

町内放送に合わせてカラスが森へと帰り、周囲が瞑色になった。数匹のクラゲがふよふよと海の上を漂っている。意地悪な私は小石を投げるがなかなか当たらない。

星明かりに照らされた海岸線を歩く。夜の魚たちがまるで歌でも歌っているかのようにリズミカルに海面をたたき、波紋には夜光虫たちが緑色の光を広げていった。

世界遺産

江上天主堂

奈留島の江上集落

森の小高い場所に建つおとぎ話のような教会。湿気を避けるため高床式になっている

「ほら！　見てください」。教会までのゆるやかな坂道を登る途中、東さんの言葉に立ち止まって森を見上げた。指さす先にはぐるりと円を描いた枝がハート形※になり、その奥に空色の建物が浮かんでいる。「教会で自然にハート形ができるってすごいでしょう」。声を弾ませて東さんが誇らしげに言う。そこにある教会は、まるで童話に出てくるように、森の中にひっそりとたたずむ小さな教会だった。

江戸時代末、わずか4世帯から信仰が広がっていった江上集落。自宅でのミサから始まった信仰は1906（明治39）年簡素な教会で行われるようになり、1917（大正6）年、今の教会建設が始まった。不思議なことに、その年は大漁で、信者たちは「神の恵み」と喜んだという。

三廊式の内部は木造校舎のような香りがする。歩くたびに床板がギシギシと鳴ったが、それは建物の歴史そのものの音。聞いていると不思議と落ち着く小学校の教室を思い起こさせる、田舎の音だ。室内は春の陽気で満たされ、こうもり傘のような天井に光があたっている。

近くで見ると柱や台座、柱頭、窓の枠などに丁寧な装

信徒により手描きされた花模様の窓ガラス。堂内にある柱の木目も信徒による手描き

屋根にある十字の穴は通風孔になっている

随所にあしらわれている花模様をさがすのも楽しい

飾が施されていることに気がついた。柱の木目は信徒たちが櫛などを使って一つひとつ描いたものだという。教会にはこうした「少ない予算でも良いものを」と考えた当時の人々の思いが伝わってくるような工夫が至る所に施されている。

「耳を澄ませてみてください」。教会守の女性の言葉に、そっと目を閉じると小鳥の声が聞こえた。次第に神経が音だけに集中していく。すると周囲に流れる水の音や、木々が風に吹かれる音が聞こえ、私たちは簡素な木製の椅子に座り、しばし自然だけの音の世界に聞き入った。

本来秘密のオラショは口伝のためこうして紙に残すこと事態が珍しい。横の写真はオラショや儀式の様子

江上天主堂（えがみてんしゅどう）

住所／奈留町大串1131（港から車で約20分）
竣工など／1918年。木造。約161㎡
設計・施工／鉄川与助
内覧・受付／9時～17時
休み／月曜（祝日の場合は翌日）

※紹介のハート形になる木は今はありません

第2章

上五島編

防波堤で魚を釣り、海に飛び込み、
ビチョビチョのままチャリに乗って帰る。
ジリジリと太陽が腕を焼いていく。

中通島　青い海へ

中通島（なかどおりじま）

人口／約1.6万人
面積／168.39㎢
島での交通手段／レンタカー、バス、タクシー、自転車
上五島の観光に関する問い合わせは「新上五島町観光物産協会（0959-42-0964）」またはＨＰ（http://shinkamigoto.nagasaki-tabinet.com）へ

伝説の「十字船団」

月の光が明るく漁ができない旧暦の「月夜間」の間、漁師たちは一斉に集落に戻る。

夏の防波堤に立つと、まるで東南アジアの街を歩いているかのような、じっとりとした湿った海風が私の腕に絡みついた。そばの森からは「ホーホー」とフクロウが鳴く甲高い声が聞こえ、その声が月が落ちる夜の地平線に広がっていく。海上に浮かぶ黄色い球体は、まるでこの世には自分だけと誇示するかのように煌々と明るい。

海に向かって足を投げ出して座り、特に何をするでもなく水平線を見つめた。時折、魚たちが跳ね、海面に浮かんだ月を揺らす。その波紋が広がる様子はしわくちゃになって縮んだストローの袋に数滴の水を垂らすと、徐々に紙が伸びて広がっていく、ひまつぶしの極地であるあの光景に似ていた。

どれくらい時間がたったのだろう？　いつの間にか眠っていたようだ。気がつくと地平線の先に太陽が浮か

3

5

4

1. 港に戻ると、さっそく船の掃除が始まった。テキパキと持ち場を片付け、あっという間に家へと帰る
2. 山に囲まれた浜串集落。下って突き抜けるとそこはもう海
3. 「ドッドッドッドッドッ」船底から海に広がっていく低く重たいエンジン音。月夜間の初日。夜明けと共に十字船団が港に入る
4. 夜の闇に浮かび上がる十字船団の船。こうして一つの明かりがその場にあるだけで、その力強さや温かさにふと、体の緊張が解けていく
5. 海に突き出した岩場の先端に佇む純白のマリア像。航海の安全と大漁を願い、浜串教会が1954年に建立。今のマリア像は1994年に建て替えられた

んでいた。あれほど存在感を主張していた月の姿はもはやもうどこにもない。

「ドドドッ、ドドドドッ」。夜明けに合わせたかのように、小さなエンジン音が聞こえてきた。視線を海へと移すと、朝焼けで淡いバラ色に染まった水平線の先に数隻の小さな船影が見える。かつて伝説の十字船団と呼ばれた船団が戻ってきたのだ。

船団が作り出す波が、太陽の光を反射させながら波打ち、次第にその波が大きくなっていく。波紋が届いた途端、その場所は鱗のようにキラキラと輝き、次第に大きな魚の群れがいるかのように巨大になった。まるで船が作り出す波によって海に命が吹き込まれたかのようだ。

「おかえりー」、港では子どもたちが叫び、タオルを頭に巻いた男たちが船上から手を振って応えている。船上からリズムよく、ポンポンと何本かの縄が投げられ、陸にいた男たちが慣れた手つきであっという間に波止場にくくりつけた。そして、船員たちはあっという間に船を洗うと家族と一緒に次々と帰路に就いた。きっと今から約１カ月ぶりに、家族全員がそろった朝食を食べるのだろう。

長崎県新上五島町の奈良尾港から車で約30分。文字通り山を越えた入り江にある浜串地区は五島列島にある多くの集落がそうであるように、外海地区にいたカトリックたちが移り住んだ場所だ。

伝説の船団を率いるのは浜串で１９１８（大正７）年に創業した昭徳水産。同社は現在、長崎市に本社を置き、グループで西日本最大級の4船団を保有している。

案内してくれた原啓取締役総務部長によると船団は網船1隻、灯船2隻（1隻の場合もある）、運搬船2隻から構成されていて、島根や山口から北西の日本海、対馬沖、五島沖、東シナ海の海域を主漁場とする。漁法は灯船が水深１４０～１５０メートルまで灯りを沈め、真っ暗な海中で灯りに誘われて集まった魚たちを網船が取り囲む「まき網漁法」。魚が取れると、近くで待機していた運搬船が新鮮な内に近くの漁市場まで運ぶ。原さんによると月夜間の間に漁を休むのは、かつて松明《たいまつ》の火で漁をしていたときから続く漁師たちの習慣のようなものらしい。

今は減ってしまったというが、それでも乗組員のうち半数以上が上五島出身者。次に平戸の出身者が多く、男たちは総勢約２００人にもなるとのこと。中でもこの船団員の多くがカトリック教徒なのだという。こうして脈々と受け継がれてきた歴史は続いているだけで価値があり、かっこいい。

そんな話を、１００年ほど前に建てられた創業者の自宅で、朝食をごちそうになりながらお聞きした。いきなり来たのにずうずうしくてすいません。しかしこの家、なんとも立派な古民家である。大きな柱に太い梁、それに加えて昔から使われているマリア様やロザリオなど周囲には貴重な品ばかりだ。

朝食後、帰港したばかりの船内に案内してもらえることになった。意外と広いが、やはり眠る場所は狭いという印象だ。潜水艦の乗組員はきっとこんな感じなのだろうなと思う。信徒である船長室には、レーダーなど機械類とともにマリア様が置かれ、船員たちの無事を見守っていた。

1. 編師たちの作業場。神棚ではなくマリア像があるのは五島ならでは
2. 広い窓から入る朝日が職人の背中を色づかせ、後ろには海が見える
3. 船内のマリア像は家族と離れる漁師たちの心の支え

行き方／船

出発港	所要時間	到着
博多港	約6時間半	中通島
長崎港	フェリー　約2時間35分	中通島
	ジェットフォイル　約2時間10分	
	高速船　約1時間40分	
佐世保港	フェリー　約2時間30分	中通島
	高速船　約1時間40分	

※天候によって欠航の可能性あり。問い合わせは、九州商船（フェリー・ジェットフォイル：0570-017-510)、野母商船：(太古丸：0570-01-0510)、五島産業汽船（095-820-5588）まで。

中通島ってこんなところ

新上五島は中通島や若松島など７つの有人島と60の無人島で構成されている。ほとんどの島が橋や防波堤でつながっており、島民は全体を総称して「上五島」と呼ぶため、中通島といわれてもピンと来ない。たまに自転車で島をまわろうとする観光客がいるが、「無謀だからやめておけ」と島民の誰に聞いても言われる。中通島の「アゴ（とびうお）干し」、島と橋で繋がる若松島の「キリシタン湾洞」、頭ヶ島の「頭ヶ島天主堂」が島の宝100景に選ばれている。

宿泊・食事など／宿泊施設は多数。漁師が経営する民宿えび屋（0959-46-3120）は料理が評判。ビジネスホテルカメリア（0959-42-0143）は椿の意味で有川港ターミナルに近い。お土産は有川港ターミナル内が充実。港内の有川レンタカーも便利（0959-42-0042）

1. 五島灘を見下ろす森の中に建つ赤波江教会（新上五島町立串郷字谷ノ坂子1899） 2. 山の中腹に建つ小瀬良教会（新上五島町立串郷小瀬良） 3. 素朴な若松大浦教会。聖母像は信徒の手造り（新上五島町宿ノ浦郷大浦）

教会のある日常

信徒の日常は島に点在する29の教会とともにある。日本最古級の木造教会だった江袋教会は２００７年２月、漏電による火災で損傷した。一時は建て替えの話も出たが「思い出の詰まった教会。何とかそのままの形で残したい」との信徒たちの強い願いにより「建て替え」ではなく「修復」の道が模索された。幸いにもしっかりと残っていた外壁や柱などを合成樹脂で補強。元の部分を生かした工法で復元作業は行われ、３年後の落成式には全国から信徒ら約２００人が集まった。今では苦難を乗り越えた教会として全国から信徒が訪れる。

「火事がなければ必ず世界遺産だった」とされるほど評価の高い教会は、今もほとんど火災前と変わらない姿のまま。帰り道、信徒の尾上さんが「夕日がきれいかでしょう」と話しかけてくれた。東シナ海に沈む光が集落を赤色に染めあげていく。

別の日、車を走らせていると山の中腹に赤い屋根の教

4. 水面に映る中ノ浦教会（新上五島町宿ノ浦郷中ノ浦）は別名「水鏡の教会」とも呼ばれ、海面に映る姿が何とも幻想的
5. 有福島にて。島には老人ばかり。海辺に腰掛け世間話に花が咲く　**6.** 尾上さんの先祖は約200年前に外海から島に渡ってきた

会が見えた。こうしてふとした瞬間に、そこに山と海と教会があるという風景は五島ならではの日常だろう。

中ノ浦教会は波が穏やかな時だけ海面に逆さ富士のように映る。内部は赤い椿の装飾に囲まれ、4枚の花びらはまるで十字のよう。旧鯛ノ浦教会（今は資料館）は旧浦上天主堂の被爆瓦が使われている。正面は煉瓦だが後ろは木造で、ほのかなピンク色の外壁にも歴史を感じる。

また別の日には、キリシタン洞窟のある若松島を過ぎ、有福島や日の島まで足を延ばした。かつては四つの潜伏集落があった有福島だが今の人口はわずか100人ほど。高齢者が多い上に不便な土地のため、佐世保からほろ付きトラックで数カ月に一度行商人が訪れる。買い物ついでに海岸沿いに座り、集落の人が談笑する様は五島の原風景そのものだと思う。

夏のある日、山腹にある教会の前まで自宅のある山から降りてきた1人の老婆に、2人の孫が飛びつくようにして駆け寄っていた。大きな荷物を抱えた若い夫婦が遅れて車を降りる。今は五島でもお盆休みの真っ最中。島のあちこちはつかの間のにぎやかなひとときを迎える。

森の中にある赤い屋根の教会

冷水教会堂

地元出身の鉄川与助が棟梁として初めて手がけたとんがり帽子の教会は、海辺近くの山の中腹に佇んでいた。階段を上り、振り返ると山と空と海が広がっている。内部は鉄川らしいリブ・ヴォールト天井。単層屋根を持った木造構造で三廊式の内部はステンドグラスも綺麗だった。

見学を終え、教会から徒歩3歩の商店に入るとみね子さんとよしのさんがおしゃべりに興じていた。ここを訪れるのは5回目だが、メンバーはたまにふてぶてしいねこが加わるくらいでまったく変わらない。とある日、2人が懐かしそうに小さなころの集落の様子を聞かせてくれた。

日曜日のミサの日は船で対岸の青砂ヶ浦天主堂まで通っていたという2人。今も早朝、鐘の音に合わせ何十隻もの船が海に出る姿が今もありありと目に浮かぶ。前も見えない濃い霧の中、手こぎボートは時折方向を失い、気がつけば全く別の場所にいたこともしばしばだった。

夏になると、目の前の海で泳いだ後、体を洗うため、地域の名前の由来ともなる冷たい湧き水を浴びた。夏なのに「『うひょぉー』と叫んでしまうほどだったのよ。ほんとに冷たいの」。おてんばすぎて、湧き水で冷やされたスイカを盗み食いしては怒られたそうだ。

原爆をきっかけに長崎市内から母の両親が住むこの地に引っ越してきたのはみね子さん。稲佐山の防空壕から見た、燃え続ける街の姿は今でも忘れられない。

8月9日午前11時2分、突然辺りがピカッと光ると

「ドーン」という大きな音がし、ガラガラと自宅の瓦が崩れ落ちた。3歳だったみね子さんは近所の人が同じ方向に避難する姿を見てパニックになり、皆に引っ張られるように1人標高333メートルの山に登ってしまう。

稲佐山にはいくつもの防空壕があった。「母も父もここにいるはず」と思い、一つひとつの壕を探し歩いたがどこにも姿はない。小さな子どもが1人でいることに気づいた若い兵士が、乾パンを分けてくれ飢えをしのいだ。

原爆投下から3日目。街に戻ると見慣れた景色は一変していた。幼い子が1人、がれきの山と化した町をふらふらと歩いていると「みね子じゃなかか！」と叫ぶ声がし、突然ぎゅっと体を抱かれた。

「顔はススで真っ黒だったのに、やっぱり親は気づくんだね」。母に抱かれた瞬間、これまで泣くことのなかったみね子さんの目から涙がこぼれた。涙はなかなか止まらなかった。「これまで全く泣かなかったのに。やっぱり寂しくて不安だったのかもね」

冷水地区にある自宅には自分の身長と同じくらい大きなマリア様がいる。祈ることは毎日同じ。家族の健康と、「二度と戦争が起きませんように」という願いだ。

昔のステンドガラスは近くの矢堅目の塩本舗に飾ってあります

遠山みね子さんと永田よしのさんはまるで姉妹のような仲の良さ

ふてぶてしいねこ。子ねこの時のかわいさはどこに……

冷水教会堂（ひやみずきょうかいどう）

住所／新上五島町網上郷 623-2
竣工など／1907年。木造平屋約177㎡
設計・施工／鉄川与助
内覧・受付／9時～17時

世界遺産

頭ヶ島天主堂

頭ヶ島の集落

上五島の北部に位置する小さな島「頭ヶ島」の白浜集落の山裾にその教会はある。現在集落に住む信徒は10人ほどしかおらず、ミサは月に2回だけ。教会の前には海と砂浜が広がる。

5月初旬に訪れると隣のキリシタン墓地が色鮮やかなマツバギクで埋まっていた。教会。十字の並ぶ墓地。海からのそよ風。その風に揺れる赤い花々。わた雲の広がる空。そしてその雲を写す青い海。全てが一体となった風景を見ると「あぁ、五島に帰省したんだな」と思う。

無人島だった島に信徒たちが住み着いたのは江戸時代末期（１８５９年）のこと。教会は信徒たちが漁で資金を集め、同じ島や対岸の採石場から石を切り出し、一つひとつ積み上げ完成させた。祖父母が建設に参加した椎山さんによると、一つの石を運ぶのに4、5人がかり。巨大な石を動かすのは重労働のため、1日に2~3個ずつしか運べず、完成までに約10年を費やしたというから、

教会の前には青い海と空が広がる。祭壇背面の外観は、ステンドグラスをはめようとして途中で変更した跡といわれている

その根気強さには頭が下がる。

外壁に近づき目をこらすと「四九五」「四四五」と彫られた数字に気づいた。これは四尺九寸五分など石の長さを示すために掘られたものだそうだ。その文字を手でなぞり、その途方もない作業量に、再び感嘆する。

教会内は重厚な外観とはうってかわり、パステル調のかわいらしい色で統一されている。花があちこちに描かれたデザインは、この教会が「花の御堂」とも言われるゆえんだ。あちこちの教会ですでに見慣れた感のあるリブ・ヴォールト天井ではなく、柱のない船底のような形をした、折上式天井も珍しい。

教会の随所に描かれているのが島のシンボルでもある椿の花。五島列島は９００万本の椿が自生するといわれるほど「椿の島」でもある。島の子どもたちは椿の花の蜜を吸いながら登下校する。小さな彼らが通った後には赤やピンク色をした花が点々と連なっていく。

椿の花をモチーフにした教会。半円アーチの窓と白ツバキの彫刻があしらわれている

天主堂正面。石の教会にすることで建築費を抑えることができた

積み上げやすいように信徒により書かれた数字（本か首を横にして読んでみてください）

頭ヶ島天主堂（かしらがしまてんしゅどう）

住所／上五島町友住郷638（有川港から車で約20分）
竣工など／1919年。石造り約131㎡。教会の見学は近くの空港で無料シャトルバスに乗り換えます。昔は自由に行けたのですが……
設計・施工／鉄川与助
内覧・受付／9時～12時／13時～15時半

1. 石を細かく積み上げた民家が並ぶ
2. 集落のあちこちにはまだ「釜風呂」が残る
3. 集落には空き屋も多い。誰か古民家カフェを経営してほしい（←他力本願）。写真は使われなくなった台所
4. 「石畳だけだと寂しいな……。ちょっとそこに転がってみて」と、寝かせられる親戚の子

いてこんね」と私を先導するように歩きだした。聞いても「よかよか」と、どこに行くのかさえ教えてくれない。私は戸惑いながらも、着いていくしかなかった。古い民家の前で立ち止まったおじさんは、木戸をガタガタとこじ開けた。「鍵はないんですね」。わざと私が聞くと、「知らんもんが来たらすぐに分かるけん」と笑う。

そうなのだ。五島の人はほとんど家に鍵をかけない。むしろかけられると家に入れなくなる家族が続出し、かけた人は怒られる。いつまでも変わらない故郷の光景に「やっぱりそうだよな」と嬉しくなる。

中に入ると、室内は古木のいい香りが立ちこめていた。両腕でやっと抱えられるほど大きな桜の木の柱。畳のはがされた床板。使い込まれた台所。「人が使わなくなった家が、この集落にはたくさんあるとよ」。少し寂しそうに話しながらおじさんが窓を開けていくと、海に反射した夕暮れの光が家中に差し込み、湿った島風が部屋の隅々まで広がっていった。

COLUMN_06

石と教会

乾いた漁網に残された小魚をついばんでいたカラスたちが、後からやってきた１匹のトンビに餌場を奪われ、恨めしそうにカァカァと鳴いていた。良質な石が取れた崎浦地域は石材業が発展した４つの集落からなる。見渡す限り床も壁もほぼ石で形作られた不思議な集落だ。特徴的な石文化が残る景観が評価され、国の重要文化的景観にも指定されている。

西日が反射して青白く光る雨上がりの石畳を歩いていると、ちょうど何軒かの家でかまどに火を入れようとしていた。五島でも薪を使う家がこれだけ密集する集落も珍しい。珍しそうに眺めていた私に、釜に薪をくべていた白髪頭の男性が、「どこのもんね？」と聞いてきた。地元の人間であることを伝えると、「釜風呂は冷めにくくて最高ばい」と教えてくれる。

五島の人はみんなこんな感じで「どこのもんね」と最初に聞いてくる。挨拶と同じようなものだ。遠ければ遠いほど、「そがん遠くから、こんな何もなかとこまで何しに来たとね」と笑う。単純に遠くから島に来てくれているのが嬉しいのだ。五島の人＝「安心」、九州の人＝「観光？」、九州以外＝「そんな遠くから!! 何しに??」の図式である。

おじさんが突然立ち上がり、「取材ならよかとこにつれて行くけん、つ

五島のクジラ文化と弁財天信仰

有川港からすぐの場所にある鯨見山は、その名の通り港内に鯨が訪れたことを知らせた見張所の跡地である。久しぶりにツツジやツバキに囲まれた山道を登ると、そこかしこでメジロが鳴いていた。メジロの木かと思うほど、木全体から音が降ってくる。息を切らせ何とか山頂に到着できたが、もう体力の限界。酸素不足で頭がくらくらしてその場に座り込むと、そこは駐車場だった。「いつの間に車で来られるようになったんじゃい！」と倒れ、そのまま仰向けになる。もう一歩も動きたくない。

五島はかつて日本の食料を支えた一大捕鯨地であり、今も日常的に鯨が食卓にあがる。特に旧有川町では捕鯨と弁財天信仰は切っても切り離せない関係にある。

かつて旧魚目町と旧有川町は共に五島藩であり、捕鯨は旧魚目町が担当していた。しかし藩主の死で状況が一変。魚目町は富江藩、有川町は福江藩となり、海境争いが勃発した。そこで当時の有川村の有力者、江口甚右衛門正利は何度も江戸幕府に「認可を有川にください」と訴え、何とか権利を勝ち取ることができた。その際、鎌倉の弁天様にお参りし、本尊を分霊してもらったことが、旧有川町で今も続く弁財天信仰につながっている。

正月を過ぎると旧有川町には太鼓の音色が響く。夕食を終えた子どもたちが寒さに震えながら公民館に集まり、祭りの練習を始めるのだ。本番は1月中旬。地域の家々を一軒一軒まわり、太鼓を叩いて「祝え、めでたや、わかまつ様の〜」と続く5〜10分ほどの歌を唄う。どの家でも御神酒が出るので、夕方には大変なことになっている。さらに夜になり飲食店街へと移動すると、各地区から太鼓衆が集まっているため、店は騒がしいことこの上ない。大人たちはただの酔っぱらいと化している。客も昔取った杵柄とばかりに子どもからバチを奪いたたき始める。

何年たっても体に染みついているのか大人たちは酔っぱらいながらも堂に入っている。しかし、太鼓を叩いて体が揺れているのか、酒でふらふらなのか分からない。本当に島の男たちはどうしようもない。「大人って情けないな」と子どもたちが初めて思うのはこの日かもしれない。

2

1

3

4

5

6

1. 弁財天信仰や神楽など、地域に今も受け継がれる祭り。どの「祭り」にもキリスト教信者の祈り同様、先祖への感謝や自然や神への畏敬が込められている
2. ３年連続おぼれ死ぬ人が出たため、神様を楽しませようと即席で始まった奉納劇。各集落の若者が喜劇や踊りを披露する。江口とうふ店（江口食品）の太一郎くんらが五島の方言３段活用を表現していた。左から順に「かわいい」「とてもかわいい」「かわいくない（ぶさいくとは少し違う）」の意味。子どもをからかう時に使うことが多い。使用例、「〇〇はびっつんなかね」（一七日祭り）
3. 各地区で祝い歌が歌われる（弁財天）
4. お盆になると墓をまわり、祖先の霊を慰める（念仏踊り）
5. 獅子舞にビビる子どもと、それを見て笑う大人たち（五島神楽）
6. 仮面を取ると、１つ上の先輩。祭りの担い手が私たちの世代になっていることに驚く（五島神楽）

こともある。見ていて面白い。教えたくなる衝動と、そこからしばらく抱っこしなければいけなくなる労力。あんばいを考えるのはなかなかに難しい。

ツブツブを指先でギュッとつぶしながら歩くと、少しこそばくて、気持ちがいい。潮が引き広い水たまりに残された小魚を、さっきまで硬直していた子どもたちが、追いかけているのが見える。

ようやく海に着いた。蛤浜はくるぶしほどの深さがずっと続く遠浅の海。本格的に海に入るまでがえらく長い。永遠に砂浜かと思うほどだ。コバルトブルーの空が水辺に反射する様子はきれいだったが、目標とするイカダはまだまだ先にある。先に行っていた葵たちが何度もイカダから飛び込んでいるのが見える。彼女は私に気づき「はよー」と大きく手を振る。私はそれを見て「まだまだ遠いなぁ。あぁ、しんど」と思う。

夜になり、ひとり浜辺に戻って休憩所と見張り台を兼ねた建物の屋上に登った。まわりには誰もいない。波が打ち寄せる音を聞いていると、何だか怖くなる。街の明かりは全くない。眼下に広がる砂浜は、星明かりだけで照らされ、波飛沫が白く光っていた。裸になって海へと走りだしたいという衝動と、波にさらわれてしまうかもしれないという恐怖が同時に頭によぎる。「夜の海は危険」という教えは、島人たちに自然と身についた常識なのだ。その前にそもそも裸で海を泳いではいけないのだが……。

ゴロンと横になり空を見上げる。一面に星が広がっている。あふれた星が手ですくった砂粒のように、幾つもこぼれ落ち流れ星になっていく。

COLUMN_07

蛤浜海水浴場

僕ら地元の人間にとって、砂浜が広がる蛤浜《はまぐりはま》海水浴場は、小さな子どもか都会のお客さんと一緒に来るような軟弱な海である。島の子が「泳ぎに行く」といえば、防波堤から飛び込んだり、サザエをとったりすることと同義なのだ。だから、蛤浜で地元の知り合いに会うと、ちょっと恥ずかしい。

夏の浜辺は裸足では歩けないくらい熱い。海に入るまでは必然的にダッシュになる。白くてさらさらの砂浜に転がり落ちてきた松ぼっくりを避けながら、ひたすらつま先立ちで走る。遠浅の浜は海面が遠く、100mほどでようやく熱さが弱まる。湿った砂浜はザラザラしている。よく見るとそのザラザラはイクラの粒よりも小さいツブツブ。そのツブツブはずっと先の海まで延びている。

実はこのツブツブ。子どもの小指の爪よりも小さい海ガニが砂の中の微生物を食べ、丸めて吐き出した跡なのだ。見渡す限りの一面のツブツブ……気持ち悪い……。しかし、気にせずに乗り越えるしか海にたどり着く道はない。親戚の小さな子どもを連れて行く時、私は必ず「これ、カニの食べかすなんだよ」と教える。すると「危ないけん走らんで！」と散々注意しても全く聞き入れてくれなかった彼らの動きが、ぴたっと止まる。時折、泣きだす

1. 頭ヶ島教会前の砂浜はほとんど泳いでいる人がいないオススメのスポット
2. 「何を書いているでしょう」。即席で葵が始めた五島ならではのものを当てるクイズ
3. 4. 磯に行くと、貝（ミナ）がうじゃうじゃ。茹でて食べよう。たまにヤドカリもいて、ちょっと驚く。慣れるとどうってことはない
5. 日常の景色。夕日が家々を染め、5時の音楽がなったら夕ご飯の時間
6. あっという間に日が落ちる秋の夕暮れ
7. 松林を抜ける。すると砂浜に出る（蛤浜）

1

2

5

6

7

COLUMN_08

あごやき

アゴ（トビウオ）は4〜6月と8〜10月に取れる上五島を代表する魚。この時期に帰省すると、運が良ければ船上から海面をアゴが飛ぶ姿を見ることができる。まるで久しぶりの帰省を歓迎しているように船に併走してぴゅんぴゅんと飛んでいる様子は、イルカが人間の船についてくるのと似ているなと思う。水中の捕食者から逃れるため、1回で100〜300mも飛ぶことができるというのだから、不思議な生き物だ。

「あぁ、これぞ元気いっぱい」という言葉がぴったりくるほど、従兄弟たちと遊びまわった帰り道。町内には「からすといっしょにかえりましょ」の歌が流れ、辺りは夕暮れ色で染まっていた。ふと、どこからともなくアゴを焼いた香ばしいにおいが漂ってきて、私たちの小さな足は引っ張られるようにフラフラと、軒下から立ち上る煙に向かっていく。

「うまそうねぇ」当時10歳くらいだった私たちの声が聞こえたのか、庭でアゴ焼きをしていたおばちゃんが「たけひろたい。食べていくね」と声をかけてくれた。（五島ではどこにいたって知人がいるのだ）

「よかと？」遠慮しながらも体は正直である。言葉とは裏腹に私たちの小さな手は我先にと前に広がっている。おばさんは笑いながら「熱かけん気をつけんね」と一つひとつ焼いたばかりのアゴを私たちの小さな手の上に置いていく。

「待って待って、熱かとっちば！」私たちははしゃぎながらその身にかぶりつく。味付けしていないのに肉厚の身はほどよく甘くて香ばしく、いい塩梅でアゴ自体に海塩が染みこんでいる。そして想像通り、やっぱりおいしい。私たちは熱さで落としてしまわないよう、頭としっぽを上手い具合にもって、ハグハグと食べながら夕日にくるまれた島を祖母の家まで歩く。夕日に照らされた海と川の中間にある淡水の川には、いくつものウナギ用の仕掛け山が見え、大量のフグやボラが泳いでいた。

上五島の日常

奈良尾神社　あこう樹
（国指定天然記念物）
樹齢650年で下をくぐると長生きできるという言い伝えがある。
住所／新上五島町奈良尾郷334-2

駄菓子屋「なかよし」

旧有川町で育った我々の聖地と言えるのが駄菓子屋「なかよし」だろう。私の記憶にあるころから、おばちゃんはずっと店の奥で少し背中を丸めて緑色の丸椅子に座っていた。実はこの店、あの佐世保の通販大手創業者の親戚でもある。有川のカリスマがあのカリスマの親戚だなんて、上五島のみなさん、何だかドキドキしませんか？

とある年、私は小さなベビースターのカップ麺を食べながら店の奥でおばちゃんと昔話をしていた。しかし、夏休みというのに子どもが1人もいない。昔は常に子どもがいたし、遠足前日には身動きが取れないほどだったのに。「おばちゃん、こいちょうだい」「私はこい」「やったばい。当たり」と半分叫びながらおばちゃんの元に行こうとする子と、外に出ようとする子がぶつかり合う。ぎゅうぎゅうの店内は子どもの阿鼻叫喚であふれていた。

親戚の桜（当時小3）と葵（当時小1）が百円玉を握りしめ、何を買おうかと迷っていたので、隠れて見ていることにした。姉の桜はお菓子とおもちゃをバランスよく選ぶ、しっかりとした選択。一方の妹は30円のピンポンクジとは虫類クジを買い、納得がいかなかったのか、もう一度ピンポンクジを引こうとしている。私は思わず顔を出し「葵、それでよかと？」と聞くが彼女は「よかに決まっちょるじゃん」と何のためらいもない。ブリキの缶に手を突っ込み「でっかいの、でっかいの♪」と呪文のように唱えながらグルグルとクジをかき混ぜている。

葵はようやく「これだぁ！」と叫びながら1枚を取り出し、何の躊躇もなくすぐにクジを開いた。私と桜が後ろからその小さな手のひらを見ると、数字は１００番まであるうちの90番台。幼くて数字の感覚が乏しい葵を前に、ニヤニヤしながら私と桜は見つめ合う。するとおばちゃんが、葵からクジを受け取り「当たりだ。すごいねー」と20番台くらいの大きさのボールを彼女に渡して私たちに目配せした。私たちは「お、おう……、よかったな葵。やるじゃん」と後に続ける。

残りの10円で機嫌良くガムを買った葵は私たちを外に連れ出し、さっそく大きなピンポン球を力いっぱい地面

昔は広く感じた店内。いつの間にか商品を見下ろすほど背が伸びたんだなぁ

にたたきつけた。そして球体は「ぽーん」と跳ねてそのまま隣の家の屋根にあがって見えなくなった。いくら待っても降りてくる気配はない。ぼうぜんと屋根を見つめる葵。「見た？　この子ばかだねー」と私たちがからかう。すると彼女が「ばかは言わんで」とむくれた。

珍しく本当に反省したのかもしれないと思い「帰ろう」と慰めの意味を込めて手をつないだ。すると葵は少し歩いた後「ばぁの家まで競争ばい」と突然私の手をふりほどいて走りだす。反省時間約20秒。切り替えの早さにあきれつつ、私と桜は大人げなく前を走るガキんちょを抜き去った。後ろから、「ちょっと待ってよー」と幼い声が聞こえるが、2人とも振り返りもしない。

駄菓子屋「なかよし」

正式な名前は中山商店らしい。そして息子がよしぼー。だから「なかよし」。写真は2013年（上）と2019年12月31日（下）。子どもたちはどんどん成長していきます。
※なかよしは2021年に閉店しました。

墓でさわぐ。それが長崎人

島中に火薬のにおいが充満し、ご先祖様の使いとされる「精霊トンボ（ウスバキトンボ）」が夕暮れの墓の上を舞い始めると「あぁ、夏が折り返し地点を迎えたのだな」と思う。

空に白い月が浮かぶのを眺めながら、有川中学校裏手の墓地を歩くとパンッと乾いた音を立てて、ロケット花火の残骸がパラパラと落ちてきた。パンパンッ、バリバリバリ。ねずみ花火や爆竹も容赦なく足元ではじけ、サンダルを履いた素足に花火の燃えかすが当たる。「お、たけひろ。帰っちょったとか？　久しぶりばい。元気か」などと同級生が声をかけてくれるが、花火の音がうるさく、ほとんど何を言っているのか聞こえない。

私たち長崎人は8月13～15日までの3日間、墓に並べた灯籠の中の、ロウソクの火が消えるまでが、ご先祖様たちとつながれる時間だと教えられる。花火をしながら「こっちは元気にしとーよ」と心の中で死者と会話するのだ。

東京にいた大学生時代、友人との雑談の中で、ほかの地域ではお盆に墓で花火をしないことを知って驚いた。長崎では墓で花火をすると伝えると「罰当たり」「信じられない」「花火は海でやれよ」と非難ごうごうである。「墓で騒がしくするほど、ご先祖様が喜ぶ」と教えられて育った私は、どうにも彼らの批判が納得できず「海でやれば海が汚れて取り返しがつかないが、墓でやれば簡単に掃除ができる」と反論した。私はいまだ墓以外、どこで花火をしていいのかを知らない。

頭上でポン、と破裂音がしたので、ふと見上げると、落下傘が十数個、フワフワと風に流されていた。赤や黄や紫や青色をしたそれは、まるで教会のステンドガラスのようだ。屈伸をしていた桜と葵の姉妹が、その小さなパラシュートを猛ダッシュで追いかけて、その後にさらに小さな子たちがわらわらと続く。2人は墓と墓の小道を全速力で走り、あちこちの墓の塀を乗り越える。他人の墓に入る時は誰もいなくても小声で「すいません」というのが聞こえ、律儀だなと思わず笑ってしまう。パラシュート花火は空中キャッチが鉄則。地面に落ちた瞬間、なぜだか価値がなくなる。そのため彼女たちは最短距離を行きたいのだ。数分後、空中キャッチに成功したのか、誇らしげにススだらけのパラシュートを持ってくる子どもたちの様子は、まるでネズミや虫を誇らしげに飼い主に持ってくる猫のようだ。

お盆最終日の15日には初盆の家が死者の霊を海へと帰す精霊流しがある。長崎市など大きな地域では、タイヤ付きの精霊船が家族や友人によってひかれ、思い出の町を練り歩く。

長崎市内の場合、同時に鳴らされる爆竹は道が埋まるほどの量になる。その一晩中鳴り止まない、けたたましい音は心躍る、祭りの音だ。

精霊流しの船は、もちろん普通の形をした船も多いが、例えば自衛隊の人であれば護衛艦であったり、タクシーの運転手なら車の形をしたりしていて、見るだけでも故人のキャラが分かり、面白い。残された人が故人を思いながら船を作る。その行程は遺族が心の整理をする役目も果たしている。

よく見ると、ドラゴン花火を手で持っています

少しビビる姉の桜（上）と、ビビりまくりの妹の葵（下）。
長崎の墓の文字は金色。他の地方では違うらしい

五島版のハロウィン

「あっちにもある！　はよ行くばい!!」。とある年の五島の集落で、ビニール袋を駄菓子でいっぱいにした子どもたちが走りまわっていた。今日は軒先に印を出している家をまわるとお菓子をもらえる不思議な行事、いわば、五島版「ハロウィン」の日である。同じような風習が外国にもあると聞いていたので、子どものころは、てっきりハロウィン＝ひとつぶんふたつぶんと思っていた。弘法大使の命日である旧暦の3月21日に合わせて行うお接待の一種と知ったのは大人になってからだった。

祭りには2種類ある。10円と引き換えに子どもに駄菓子を配る「ひとつぶんふたつぶん」（10円祭りとも言う。地域によって違うが、共通するのは一つぶんで二つくれ。もしくは五つ分くらいくれ！　という何ともずうずうしい行事）。もう一つは大人たちがお接待の家をまわり、食事をするというものである。

玄関でお菓子をもらうだけの子どもは大人が奥で何をしているかを知らない。決して踏みこんではいけない「聖域」という漠然としたイメージがあり、「何やっているんだろう」と奥をのぞこうとすると、玄関で子どもの対応をしていた大人がさりげなく遮る。今にして思うと楽しく談笑している中、子どもが来て暴れたら、確かに邪魔である。だから大人たちはお菓子で目を反らして子どもたちを中に入れないのだ。玄関で配るお菓子は、小さな子どもたちを追い払うにはうってつけ。「早よ行かんば次の家のがなくなるよ」とでもささやけば、子ども

「大漁だぜ！」と喜ぶ子どもたち。「掲載したいから親に了解とりたいんだけど、この子誰？」と帰って聞くと、すぐに分かるのは地元ならでは。取材が楽です

友人と「次の家へ」向かう祖母

友人らと談笑する祖母の初江（左）。家の奥には田舎料理が並ぶ

たちは慌てて走りだす。あぁ、大人ってずるい。

今回祖母に連れられて何軒かまわったのだが、どの家も遺影が並んだ古い畳部屋だった。どこもザ・祖母の家という感じ。公民館でかりてきた長机の上には昆布の「煮しめ」や「かんころもち」や「寿司」などが並ぶ。席に座ると次々と料理が運ばれてきて、お客さんも多く、接待する方も大変そうだ。

最近では個人でのこうしたお接待は減り、地域の公民館やお寺に接待する側が集まり、まとめて料理をすることが多くなったというが、この労働力を見ていると、1人で準備するのはやはり難しそうだと思う。

3軒もまわるとおなかにいっぱいになった。90歳を過ぎた祖母は最初から食べることを諦め、席に座った瞬間から、「タッパーばちょうだい」と言っていた。久しぶりに会う古い知り合いと雑談をし、手際よく料理を詰め込むと、「よし、次ばい」と席を立つ祖母のたくましさに何だかうれしくなった。

見事な「前髪ぱっつんカット」のできあがり。祖母宅前で髪を切られる。何だか不安そうな表情

COLUMN_09

五島の遊び

島の子どもにとって植物は格好の遊び道具。クローバーの茎を折り、細い白い芯の強弱を競ったり、竹で弓を作ったり。特に学校の行き帰りに活躍したのが、「オナモミ」と「アメリカセンダングサ」と言う植物である。要は投げると、洋服にくっつくあれのことだ。当時、犠牲になっていたのはほとんどの場合妹だったが、知らない人でも前に歩いていたら、相手に気づかれないよう、背中めがけて投げていた。草笛も剣道教室の帰り道、友人たちとよく鳴らしていた遊び道具の１つだ。

小学生時代の遊びと言えば、縁日のヒヨコが大量に逃げてキャンプ場横の森で増殖していると噂になったことがあった。さっそく剣道仲間たちとそのヒヨコを捕まえに向かったのだが、散々探しまわったあげく、山犬に見つかり、追いかけられた。必死で走った私たちは気づくと海まで逃げており、私たちの足は太陽でぬるくなった海水の中にあった。

息を切らせ全身で息をしながら、誰かが「ヒヨコってもうニワトリになっているんじゃ」と素朴な疑問を口にする。そこにいた全員の口が「えっ？」と動き、お互いの顔を見合わせた。よく考えると、縁日の終了からもう１月くらいたっていたし、何より子どもだった私たちはどうすれば子孫が生まれるかを知らなかった。ヒヨコの子どもはヒヨコだと思っていたのだ。

翌日からヒヨコの話は誰も話題にしなくなり、その代わりに山犬探しが我々の主流の遊びになった。子どもは切り替えが早い。遊びといっても何のことはなく、山に入り、山犬を見つけて近づけるだけ近づき、彼らに見つかったら、ただただ山裾まで必死に追いかけられるという遊びである。山犬と目が合ったあと「やばい、にげろ」と誰かが最初に走りだし、また懲りずに山に登るの繰り返し。これを毎日のようにやっていたのだから、ばかな遊びである。今振り返ると犬たちは本能に任せて逃げる子どもを追いかけていたんだろうけど。しかしあれは面白かったな。

かんころもちをこしらえる

小河原に住む佐々木さんが、五島の郷土おやつ「かんころもち」を作ると聞きつけてさっそく訪ねると、佐々木夫婦と近所のおばあさんが自宅前にブルーシートを広げおにぎりを食べていた。お茶や団子もあり、まるで公園でピクニックをしているようなのどかさである。

「車はどこにとめたらいいですか?」と聞くと「そこら辺に置いて! どうせほかの車はこんけん」と佐々木さんが言う。ちなみに、ほぼ標準語で書いているけれど、実際の2人の会話は方言ばりばりである。「どけとめっょかと」「およ。そこでよかたい。だいもこんばい」「ここでよかと?」「よかよか」。ほらね、読みにくい。だから少しだけ文章にする時は標準語に直している。

青いシートの上には芋が山積みになってた。お父さんが芋の端を小刀で切っては横に投げ、2人がそれを拾って、ものすごいスピードで剝いていく。遅めに数えても5秒で一つが処理される。まるで機械のような3人。雑

①芋を洗います

②洗い終えて綺麗に

③すごく速い皮むき

④むけました

post card

恐れ入りますが、
切手をお貼り
ください

810-0041

福岡市中央区大名2-8-18
天神パークビル501

書肆侃侃房 行

フリガナ
お名前　　男・女　年齢　　歳

ご住所　〒

TEL(　　　)　　ご職業

e-mail：

※新刊・イベント情報などお届けすることがあります。　不要な場合は、チェックをお願いします→□
著者や翻訳者に連絡先をお伝えすることがあります。　不可の場合は、チェックをお願いします→□

□**注文申込書**　このはがきでご注文いただいた方は、**送料をサービス**させていただきます
※本の代金のお支払いは、本の到着後１週間以内にお願いします。

本のタイトル	冊
本のタイトル	冊
本のタイトル	冊

読者カード

本書のタイトル

購入された書店

本書をお知りになったきっかけ

ご感想や著者へのメッセージなどご自由にお書きください

※お客様の声をHPや広告などに匿名で掲載させていただくことがありますので、ご了承ください。

◀こちらから感想を送ることが可能です。

書肆侃侃房　http://www.kankanbou.com　info@kankanbou.com

出版目録　2022.10

おかげさまで
20周年！

書肆侃侃房
Shoshikankanbou

月面文字翻刻一例

川野芽生

本体1,700円＋税　978-4-86385-545-

誰もが探していたのに見つからなかっ
お話たちが、こうして本に育っていたの
みつけたのは、あなた。――円城塔

第65回現代歌人協会賞を受賞した歌集『Lilith』など、そのみずみずしい才能でいま最も注目される歌人・作家、川野芽生。
書き下ろしの「天屍節」など全51編を収録した待望の初掌編集。

Turn! Turn! Turn!

東山彰良

本体1,600円＋税　978-4-86385-541-0

直木賞作家の最新エッセイ集。
いつかは自分だけの一文に出会える。
まずは求めよ。話はそれからだ。

小説と旅は似ている。物語を突き動かすのは葛藤だが、旅だってそうだ。私たちは、自分では処理もできなければ理解もできない衝動に突き動かされて最初の一文、もしくは最初の一歩を踏み出す。魂に抱えこんだ葛藤をどうにかなだめるために。小説と旅がこれからの私を定義していく。今回はその手始めだ。（本文より）

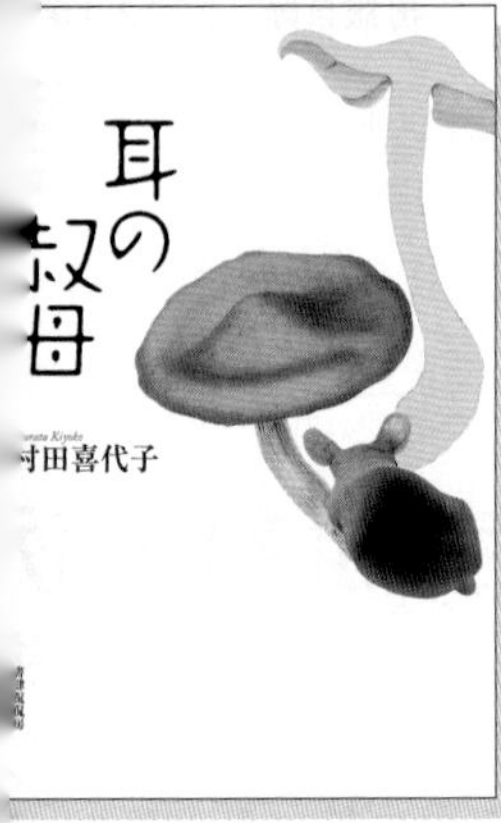

耳の叔母　村田喜代子

本体1,700円＋税　978-4-86385-547-2

怖れと闇と懐かしさ
ムラタワールドの「短編愛」

短編はコロコロと手の上で転がしながら考える。うまく芽がでてすくすく伸びると、やがてひとつの「話」がひらく。

芥川賞作家、村田喜代子の選りすぐりの短編8編を収録。

美とおののきの短編アンソロジー。


「女の子って、夜見るとなんだか気味悪いな」とつぶやいた。蛍見物の人の群から離れて、わたし達は明滅する火に囲まれていた。それらの火は、わたしが「消えろ」と心に思うと消え、「点いて」と思うと本当に点くような気がした。わたしは沢山の蛍を従えて、タケオの前に立っているのだった。「あたしがこわいの？」（「流れる火」より）

モトムラタツヒコの読書の絵日記
モトムラタツヒコ

本体1,500円＋税　978-4-86385-550-2

「書評ではない。絵日記である。」

2018年よりスケッチブックに描き続けた読書の絵日記。手描きイラストと手書き文字で、本の虫こと、モトムラタツヒコが、紀行、エッセイ、外国文学、落語、プロレス、絵本など、むさぼるように読んで描いた！

2018～2022年までに描いた読書の絵日記、全106作品を収録

KanKanTrip Japan 11
日本全国タイル遊覧　吉田真紀

本体1,900円＋税　978-4-86385-544-1

祝・タイル名称統一100周年！

まちを歩くとタイルに出会う。素敵な空間にはタイルがある。

珠玉のタイルを探しに、旅に出よう。

北海道から沖縄まで、全国をめぐって集めた偏愛タイル46選

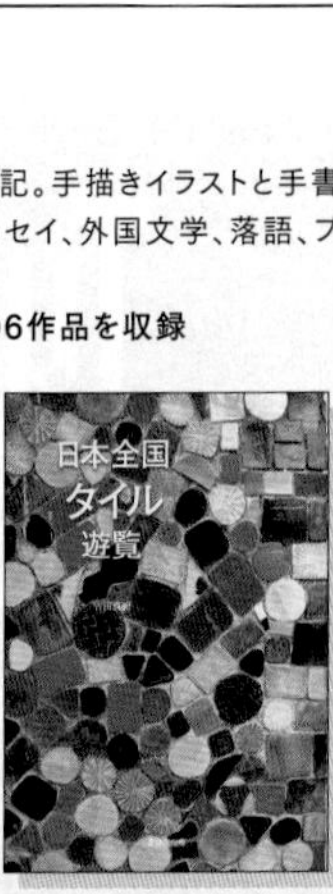

赤の自伝　アン・カーソン　小磯洋光訳

本体2,200円＋税　978-4-86385-539-7

ノーベル文学賞最有力とも言われるアン・カーソンの代表作。

怪物と英雄が恋をした。言葉が存在を解放する。
古代ギリシアの詩人ステシコロスが描いた怪物ゲリュオンと英雄ヘラクレス
神話が、ロマンスとなって現代に甦る。詩と小説のハイブリッド形式〈ヴァース
ノベル〉で再創造された、アン・カーソンの代表作ついに邦訳。

雨に打たれて　アンネマリー・シュヴァルツェンバッハ作品集

アンネマリー・シュヴァルツェンバッハ　酒寄進一訳

本体2,000円＋税　978-4-86385-540-3

山崎まどかさん推薦！

1930年代、ナチスに迎合する富豪の両親に反発し、同性の恋人と共に中近東を旅したスイス人作家がいた。同じように世界に居場所を失い、中近東に流れ着いた人々がいた。旅先で出会った人々を繊細な筆致で描いた、さすらう魂の吹き溜まりのような短編集。

現代台湾文学選3　**愛しいあなた**

劉梓潔著　明田川聡士訳

本体1,900円＋税　978-4-86385-546-5

何を書くか、どうコラージュするのか、その細かな取捨選択に宿る煌めき。読みながら、自分が出会ってきたあらゆる愛しい人を思い浮かべたけれど、読み終える頃にはこの小説が、愛しいあなたになっていた。
――金原ひとみ（小説家）

『父の初七日』監督・脚本のエッセイ・リウ。映画の原作エッセイがベストセラーとなった作家の最初の短編小説集。初邦訳。

Woman's Best 15 韓国女性文学シリーズ12

終わりの始まり　ソ・ユミ　著　金みんじょん　訳

本体1,600円＋税　978-4-86385-538-0

恋の記憶、家族の記憶、残酷で美しい春の記憶。ソ・ユミは、私たち自身の傷と記憶を呼び覚まし、時の流れとは何かを伝えようとする。私たちはいつだって、人生の新しい章を始められるのだ。――櫻木みわ（小説家）

1970年代生まれの韓国女性作家、チョ・ナムジュ、ファン・ジョンウンなどと並び、韓国文学界を背負う一人であるソ・ユミ、待望の初邦訳。

談しながらなのに手だけがシュンシュンと高速で動き、そこだけまるで別の生き物のようだ。

あちこちの家の前でかんころもちの元となる黄色い芋が干される光景が広がるのが10月ごろのこと。5ミリほどにスライスした芋を海沿いで天日干しし、何日もかけて、これでもかというくらいまでパリパリのカチカチにする。堅くなるほど甘さが凝縮されるらしい。

芋はもち米とつかれるのだが、一緒に混ぜられる砂糖や水あめの配合が各家庭で全く違い、当然味も異なる。さらに、他の隠し味を入れたり、干し加減にもこだわりがあるらしく、かんころもちは正解のない奥深い食べ物なのだ。

おおざっぱに分けると上五島では水飴や砂糖を入れるのでほのかに甘い。一方、下五島では甘味を入れないので芋本来の味や風味を楽しむことができるらしい。11～12月ごろに完成したそれぞれの家庭の味は、島を出た息子や孫にとって五島うどんと一緒に送られてくる故郷の味。「ばぁちゃん、こがんに要らんばい」と言いつつ、それでもやはり、うれしい。

各家庭で手作りのカンナ

⑤ひたすら削ります。薄く削るのがコツ

⑥削り終えました。すでにおいしそう

⑦お湯をわかします

⑧ゆでてザルにあげます

⑨まだ温かいうちにひたすら干しましょう

⑩干し芋完成です

焼いて食べます。バリうま!!

COLUMN_10

太田地区の不思議

観光客の姿をまず見かけない中通島の上五島町太田郷地区は、数ある五島の中でも秘境といえる場所にある。有川港から車で約30分。山を越えないとたどり着けず、かといって、たどり着いたところで何もない。住む人以外の足が自然と遠のくことから、太田には今も残る古民家の集落と、独特の文化がある。

小河原地区でかんころもちの取材をしていると、道ばたに1台の車がとまって「たけひろたい。何しよっと？」と声をかけられた。今はどこに住んでいるのか知らないが、少なくとも高校の時までは太田地区に住んでいた同級生、その名も「太田君」である。「お、よかとこに。太田の名物ってなん？」。私が聞くと「そりゃあ、夕方でしょう」と太田君に言われて、「なるほど」と納得した私は久しぶりに太田に行ってみることにした。太田に住んでる太田君……。はー、ややこしい！

防波堤の前に車をとめ、波の音だけが聞こえる集落を歩いてみる。どうやら少し早く着きすぎたようだ。時間つぶしに1時間ほど散策しているとようやく「太田名物」が現れ始めた。

1人、また1人と、どこからともなく現れた老人たちが、軒先や海沿いの木陰、消防団の前、それぞれの定位置に静かに座る。彼らは思い思いの場所で、夕日が沈むまで海を見つめる。これぞ太田名物、夕日を眺める老人たちである。その数およそ数十人。彼らを見ていると、決まった時間に子どもが現れる夏休みのラジオ体操を思い出す。

COLUMN_11

島の別れ

©横山桃子

３月の別れと出会いの季節は五島中の島にもそれぞれ訪れる。先生や職場の転勤はもちろん、高校生たちは卒業すると仕事に就くため、または進学のため、そのほとんどが島を出るしかない。これは私たち島で育った人間の宿命のようなものだ。この時期、島の港では小中高生が急ごしらえで作った鼓笛隊が並び、幾重にも重なったカラフルな紙テープが、人々の手から船まで伸びる光景が連日のように繰り返される。

ターミナルのスピーカーから蛍の光の曲が流れ「ボウー、ボウー」と低い汽笛を鳴らして船がゆっくりと離岸していくと「頑張れー」「またねー」などの声があちこちで飛び交う。鼓笛隊が校歌や今はやりの曲を披露し、「忘れんでね！ありがとう‼」などと書かれた横断幕が広がる。制服を着た応援団らしき軍団もいる。見送られる人たちが甲板から身を乗り出し、港の人は風で声がかき消されてしまわないよう、両手をメガホン代わりにしながら、大声で最後の会話を交わす。

船は離岸し、少し離れて方向を立て直したかと思うと、すぐに本格的に動き出す。あっという間に船影は小さくなる。船からも島からもお互い見えなくなるまで、いつまでも手を振っている。船から見ていると島影がどんどん、どんどん、どんどん小さくなっていく。島を離れる人たちは「これが単なる旅行ではなく、これからずっと故郷の島を離れて生活していくのだ」ということをそのたびに、少しずつ実感していく。

一方陸上では、最後まで別れを惜しむ島人たちの姿がある。少しやんちゃな子が岸壁から海にダイブして海上から手を振り続ける。１人が先陣を切るともう歯止めがきかない。生徒たちは雪崩のように次々と海に飛び込む。青い空が広がっているとはいえ、３月の海はまだ冷たい。海には、赤や青や黄色の色鮮やかな紙テープの残骸が悲しく漂っている。

第3章

小値賀島編

今日の予定は何も決めていなかった。
この島だけに流れている「島時間」は、
五島の島々の中で一番心地がいい。

小値賀島　ふるさとの島が大好き

小値賀島（おぢかじま）

人口／約 2260 人（町全体人口）
面積／ 12.26 ㎢
島での交通手段／徒歩のほか、バスやレンタカー、レンタルサイクルもある。観光に関する問い合わせは「おぢかアイランドツーリズム」へ

港の掲示板に書いてあったレンタカー会社に電話をすると10分ほどで2台の車がやってきた。降りてきた女性にお金を渡すと彼女は「はいこれ鍵。そこにガソリンスタンドがあるので満タンにしといてね」と言い残し、娘らしき人が運転するもう1台の車に乗り込む。

私は慌てて発車寸前の車を止め、返却場所などいろんなことを聞いた。すると一瞬キョトンとした顔をして「その辺に適当に置いといていいよ」と笑って返された。返却時間の確認など手続きは何もない。まるで実家の車を使うような気軽さだ。

ゆったりとした島時間。取材を終えると秋の夕日が町中を黄金色に染めていた。老夫婦が乗った耕運機は牛たちが通り過ぎるのをゆっくりと待っている。決してクラクションをならしたり、おいたてたりはしない。港に着いた時からすでに「島時間」が始まっていたのだなと思う。小値賀島のペースはきっとこれなのだ。

車で長崎鼻へ移動した。空は青く、雲は白色で、海は群青。ただじっと黙り、見つめてしまう日常の景色。ここでは牛にも人間にも同じように島時間が流れていた

小値賀大好きなものは大好き

17の島々から構成される小値賀町は全体が西海国立公園に指定されている。うち、人が住んでいるのは6つの島。町の中心が小値賀島だ。歴史をひもとくと遣唐使の時代には大陸への中継地として船が寄港する場所でもあった。またかつては酒造りの島としても盛え、今でも「小値賀」という名を持つ杜氏が九州中の酒蔵で最高責任者として働いているという。

2005~2006年にかけてピークを迎えた「平成の大合併」の際、佐世保からの合併話を「絶対にイヤダ」と断った気骨のある島でもある。他の島同様、過疎化や人口流出に悩まされていた小値賀町だが、島民たちは断固合併に反対した。今回、島民に会うたびにその訳を聞いてみたのだが、全員が「小値賀が大好きだから当たり前じゃなかですか!」と口をそろえていた。一瞬の間もなくすんなりと出てくる答え。「好きな物は好き」。単純だが、一番の理由だ。

岩坪精米所からいただいたとれたて卵。晋弘舎にもち帰りさっそくたまごご飯で食べる。うまうま

自分が生まれ育った島。人がいい。全員が親戚みたい。食べ物がおいしいなど……。大好きな理由は人それぞれで、きっと数え上げればきりがないのだが、みなが一環としている「私はこの島が好き」という気持ち。隣接町とすんなりと合併し、それまであった「上五島」の上に「新」をつけただけの私の地元「新上五島町」とは島民の気概が違う。いやはや新しい町名発表の時は本当にたまげたよ……。

小値賀町では老人から子どもまで「小値賀が大好き」

と話してくれ、「故郷愛」は堂々と語るとかっこいいのだと、カルチャーショックを受けた。島の外に出ることをよしとする若者たちの風潮をこの島では感じない。老人がこの島が好きだと言う。息子や娘たちがこの島を好きだと言う。すると孫たちもこの島が好きだと言う。小値賀の島では好きの連鎖が止まらない。

　しかし、そんな島でも最盛期に1万人を越えた人口は減り続け、今は２３００人余りしかいない。高齢化率も約50％。1周33キロの島にはコンビニもなく、大型スーパーもない。自動販売機もほとんどない。携帯の電波だってほぼない。この島には言ってみれば何もない。

　しかし、小値賀には今、年間2万人以上の観光客が訪れる。「小値賀が大好き」と島の人たちが公言するように、この島には堂々と「好き」と言える何かが詰まっている。人々は皆知り合いで、誰かにめでたいことがあれば島全体で喜び、不幸なことがあれば島全体で悲しむ。島には好きがあふれている。小値賀島はそんな場所だった。

島の至る所にある看板のデザインが気負ってなくてステキ

外に座り祭りを待つ島の人たち

行き方／船

[太古丸]※往路で宇久島経由、復路で福江→青方（上五島）経由

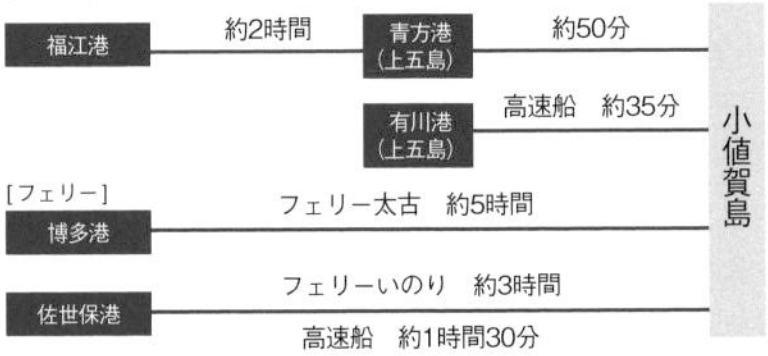

※天候によって欠航の可能性あり。問い合わせは、野母商船（太古丸：0570-01-0510）、九州商船予約センター（フェリー・高速船：0570-017-510）まで。

小値賀島ってこんなところ

大小17の島々からなり小値賀島はその中心。平仮名では「おぢか」と書く。島全体が西海国立公園に指定され、人だけでなく景観も美しい。町が委託するNPO「おぢかアイランドツーリズム（2646）」が島の観光に力を入れており、年間２万人が訪れる。「島のお母さんとの別れ」が島の宝100景に選ばれている。

宿泊・食事など／旅館などの宿泊施設は約10軒。食事処もあるが、営業時間を調べていこう。同ツーリズムが紹介する民泊や古民家泊もあり、ＨＰ（http://ojikajima.jp/about/）に詳しい。バスは小値賀交通（2003）。レンタカーは福崎モータース（2464）または小値賀自動車整備工場（2175）。タクシーは小値賀町社会福祉協議会（4193）に相談を。※（　）内の番号は0959-56-(●●)

活版印刷所・4代目

　2015年、「活版印刷」という聞き慣れない言葉に惹かれて商店街の中心にある小さな印刷所「晋弘舎」を訪ねた。100年以上の歴史がある店を切り盛りするのは、3代目の横山弘蔵さんと娘で4代目の桃子さんの親子。町営船「はまゆう」のチケットもここの印刷所のものだ。

　桃子さんに自宅とつながる作業場を案内してもらうためドアを開けて中に入った途端、天井まで埋まる膨大な数の文字に圧倒され、立ちすくんだ。壁一面の文字の海。本物の文字の洪水である。インキの匂いが僅かに漂う作業所には日差しが鉛色をした文字の壁に差し込んでいた。

　印刷の工程は活字を拾う「文選」。拾われた活字を組む「植字」。組まれた版にインキをつけて紙に落とす「印刷」。組まれた版を解体する「解版」に分かれている。昔はそれぞれを担当する職人さんがおり、熟練の文選職人さんは、鶏が餌をついばむように文字を「拾って」いたという。

「私はまだまだ。どれが部首だよ！　って漢字もあったりして、『あ、木偏見っけ！』みたいな」と桃子さんが笑いながら、作成途中の文字の固まりを見せてくれた。要ははんこの原理でインキをつけて紙に押し、文字が文章になる。昔の職人さんは刷り上がった時、いかに平たんにするかが腕の見せ所だったというが、今のお客さんは凹凸がある方を「味がある」として好むとのことだ。

　他の島民同様、桃子さんも学生時代は友人たちと「青春活動」と称して休日のたびに島中を自転車でまわっていたほどの小値賀好きである。しかし、島には仕事がなく、桃子さんも当然のように一度は島を離れた。「島で働こう」と考えたきっかけは学生時代のこと。先生から「地元が好きなら、実家を継げばいいのに」と何気なく言われ、「そんな考えもあるのか」と衝撃を受けたという。島で生まれ育った若者は「島で働く」「家を継ぐ」という発想になりにくい。その気持ちは、同じように島で生まれ育った私には十分すぎるほどに分かる。

　「家業を継がせてもらえないでしょうか？」。大学3年のある日、父にそう切り出した桃子さん。しかし、弘蔵さんは「何ば言いよっとか！」と烈火のごとく怒鳴り反対したという。「もう活版の時代じゃなか。今は大量、スピード、フルカラーですたい。とにかく大反対でした」。弘蔵さんが苦笑して振り返ってくれる。

それでもめげなかった桃子さんは活版を卒業制作に選び、帰省するたびに説得を試みた。1人で生きていける証明にと企画書まで作ったが父は全く相手にしてくれない。卒業が迫ったある日、母から「一度東京にいきなさい」と言い渡され、結局、東京の編集プロダクションで働くことになった。そんな中で起きた東日本大震災。経験したことのない恐怖の中「帰りたい」と電話をすると今度は両親も心配していたのか、帰郷を許された。

「最後に改めて」と前置きして「小値賀の好きな所は？」と聞くと、2人の話が止まらなくなった。「よか所あるけど時間あると？」。弘蔵さんに誘われ、「私も行きたい」と好きなことを羅列してテンションの上がった桃子さんと弘蔵さんオススメの場所へと案内してもらう。

弘蔵さんが「ここもすごかでしょう」と自慢する松林を抜けて向かったのは、小値賀の飛行場。残念ながら商業便の運航はなくなってしまったが、小値賀好きの金持ちが自家用飛行機で使っているらしい。「ここの道も最高でしょう」「ほら、この畑！」「海！」「そら！」「うし！」。車内でも2人の小値賀自慢が止まらない。競争するようにあちこちを指さしては叫ぶ。まるで子どもだ。

「今日は時間なかばってん、本当は連れて行きたかとこのあるとよ」と弘蔵さんが残念そうに話してくれたのは仲間と作った手作りのゴルフ場のこと。一番の自慢らしい。「5ホールしかなかばってん、すばらしか景色でOBは海ばい！」と楽しそうに説明する横で桃子さんが「またその話？　聞き飽きたよ」と、わざとらしくため息をつく。

その後、弘蔵さんから「今の時間、小値賀には食べるとこはなか！」と言われ、ちょうどお昼時ということもあって自宅でごちそうになることに。そこで改めて「なんでそんなに小値賀が好きなんですか？」と聞くと、桃子さんは苦笑して「刷り込みですね」と即答する。弘蔵さんは少し考えたあと「みんなが知り合いで助け合い」と教えてくれた。「助け合いの島」。その言葉が、今ここで「昼食がないから」と一緒に食卓を囲んで食べているカレーと結びつく。

3

1. 作業所の壁一面にズラリと並ぶ文字の海
2. よく使う文字は別箱にある
3. 町営船「はまゆう」の切符も実は活版印刷所のもの
4. 室内にはかすかにインキの匂い。「ink」は印刷業界ではインキと発音するらしい
5. 文選する桃子さん。桃子さんは2018年に独立し自分の工房「OJIKAPPAN（https://ojikappan.com）」を設立。場所は晋弘舎の隣。有料体験もできる。詳しくはおぢかアイランドツーリズムまで

2

5

4

小値賀の日常

「おりますかー?」。弘蔵さんが作業小屋にズカズカと入るとオールバックの白髪頭をした銀幕俳優並みのイケメンが「おるばい」と座敷からひょいと現れた。

あちこち自慢してもらいながら、横山親子と3人で訪れたのは岩坪精米所。作業室はいくつものベルトが天井や機械とつながっていて、桃子さんと私は2人「かっこいい」「レトロ」と興奮して歩きまわる。中は少し粉っぽくて、脱穀した後のほのかな甘い香りが漂うのがまたいい感じだ。

「どれ、ちょっと見とかんかな」とご主人が手を大きくグルグルと回転させてエンジンをかけ、石油発動機を動かすと、「カタンカタンカタンカタン」と独特のリズムを鳴らして、部屋中につながっているベルトが動き始めた。一つの機械に命が宿り、作業所全体に鼓動が広がっていく。

横山親子と別れた後は島をぶらぶら。商店街にある、休憩所では島の小さな姉妹が自転車用のヘルメットをかぶったまま卓球に熱中。ねこが多い斑島《まだらじま》では、アジを釣る女性の観光客の姿を見つけた。「初めて魚を釣りました」と喜ぶ人の横で虎視眈々とねこがおこぼれを狙い、上空ではトビも目を光らせている。

夕暮れ時になり、長崎鼻を訪れた。ここは周囲が断崖絶壁で囲まれた牛の放牧地。西の端の島に夕日が落ちる大パノラマは、絶景以外の何物でもない。牛がのんびりと草をはみ、道路を歩く。島ではそうした暮らしこそが日常の風景なのだ。

すっかり日が暮れた旅館までの帰り道。真っ暗な路地の一角にぽっと小さな灯りがつき、にぎやかな祭り囃子が聞こえてきた。思わず近づくと60人近い人が座卓になって手をたたき、祝い歌を唄っているのが見える。私はコソコソと中に入り、主人に取材させてほしいとずうずうしくもお願いすると、「よかよー。めしも食べていかんね」と快諾してくれた。なんていい人!

私が訪ねた当時、江川商店は、「島に明るい話題ができれば」とお店を拡張したばかりで、今日はそのための棟上げの日。親戚や大工、近所の人が集まり、繁栄を願う。

1. 作業所の中は脱穀した稲穂の甘い香りがした
2. 港そばの通り。ただ「かまぼこ」と書かれているだけなのが何とも言えずいい
3. 乗用車感覚であちこち耕運機が走る
4. 昔ながらの商家跡「尼忠東店」は無料の休憩スペース兼遊び場だ
5. 江川商店の棟上げに参加。みんな笑顔
6. 人口が多い笛吹地区での祭り後。境内でやりきった表情
7. 海の様子を見に来ていた元漁師さん（斑島）
8. 島民たちの笑顔にこちらも嬉しくなる

COLUMN_12

いろいろな海岸を歩く

小値賀港のターミナルから車で約５分。島の海岸公園にある屋根付き休憩所に、ハンモックに座って海を見ている若い女性がいた。軽く会釈して横切り、階段を下ると砂浜の一面が赤い、その名も「赤浜海岸」に着いた。小値賀は野崎島と同じように火山でできた島だ。鉄分の多い溶岩が酸化して独特の赤い景観が生まれているため、ふと地面をみると、土が赤かったりする。

海岸の入り江にある岸辺は小さな砂状の石から、大きな岩まで全てが茶色か赤色だった。これまで、どこまでも白い砂浜は見たことあったが、赤い浜は初めて。海水で湿り、赤くて丸い小石が敷き詰められた砂石が、海からの照り返しに反射しキラキラと光っていて神秘的で綺麗だなと思う。しかし、残念ながら赤浜海岸は急に深くなっていたり、海底ケーブルがあったりして危険なため遊泳禁止だそう。同じ島には透明度の高い柿の浜海水浴場があり、泳ぐならこちらに行こう。

砂浜に行くと必ず裸足になることにしている。靴と裸足の場合では、感触が全く違う。歩く度にキュキュと音がなる砂浜。日差しに熱され過ぎて思わず「熱つつっ」とつま先立ちになる砂浜。しっとりとした冷たい感触のする砂浜。案外いろいろな砂浜がある。

ジャリジャリと音を立てながら歩き、小指の爪の半分くらいの赤い小石を足の指で少し掘ると、じんわりと海水がにじみ出てきた。その様子はまるで、赤ワインの海のようできれいだなと思っていると、波が押し寄せて泡が混じり、スパーリングワインになった。

淡い青色と緑色をしたシーグラスを数個拾いポンポンと軽く空に投げた後、一気に海に投げる。少しして、ぽちゃんぽちゃんと寂しい音がした。足元では小石に水がしみこんでいく音が何度も繰り返されている。

野崎島　廃墟となった無人の島

野崎島（のざきじま）

人口／0人。※島の管理人として住民票があるのは1人

面積／7.11 ㎢

島での交通手段／徒歩のみ

廃墟の島

町営船「はまゆう」が波の底に沈んでは浮き上がるたびに白い波しぶきが大きな窓に激しくぶつかった。空は青いが、どこまでも無遠慮に青いというわけではなく、かろうじて穏やかさを保っているというような落ち着かない色をしている。天気予報はこの夏何度目かの台風が五島に接近していると告げていた。そんな平日の昼間に島に渡る物好きはいないのだろう。乗客は私ひとりだけだった。

出港から約35分後、私は人の存在が消えた「野崎島」に着いた。「明日まで持つだろか」と不安になりながら空を見上げ、一泊分の洋服と食料の入った紙袋を抱えて港に降り立つ。現在、島にはNPOが管理する廃校があり、校舎や校庭でキャンプなど宿泊もできる。日帰りでも6時間以上滞在できることから土日には訪れる客も多いという。

江戸時代後期、二つの家族が住み着いたのが野崎島のキリシタンの始まり。今は廃村となった集落跡に、ぽつんと煉瓦造りの教会だけが残ることから「祈りの島」とも呼ばれる。

船を降りるとひげもじゃの男性から「お待ちしてました」と声をかけられた。施設の管理人だというその人は港から宿までの道を私に伝えると「宿までは山をひとつ越えてください。一本道なので大丈夫ですよ。迷いません。ではお待ちしています!!」と言い残して軽トラックであっという間にブーンと行ってしまった。ひとり港に残された私は「山ひとつ……」とつぶやきながら、すでに豆粒のようになった軽トラを呆然と見つめる。

帽子は被っていなかったが、思わず頭を押さえつけるほどに海風が強い。しかし、その風は島育ちの私にとってあらゆる細胞が覚えている海沿いの町独特の落ち着くにおいがした。先ほどまで右こぶしのような固まりだった雲が、風に流されてスルスルと細く長くなり、まるで定点カメラの映像を早送りをしたかのように目の前をズンズンと通り過ぎていく。強風の空では鷲が旋回しながら私が食料を落とさないかと虎視眈々と狙っている。

月日と共に少しずつ島から消えゆく人間の跡

小さな波止場の先には防波堤があり、前には荒れた海、後ろには山がそびえている。90年代まで多くの島民たちに電気を供給していた電線は今も残り、島に人が住んでいないとはにわかには思えない。

「港を出てすぐ左に一度曲がると後は一本道です」と教えられたのに、20メートル先を右に曲がってしまう。「何か楽しいことがありそう！」。と思うと、後先考えず寄り道せずにはいられない。

崩れた外壁から家の中が見える。「ここに生活があったのだ」と実感する

※編注：住民票をもつ管理人はいます。

1

3

2

1. 2.木造の家は最初に自然に帰り、コンクリートやビール瓶、陶器のコップや皿などは最後まで残されていた
3. 森に取り込まれようとしている民家。屋根はびっしりと草で覆われている

約300mの白い砂浜。朝になると地平線に昇る朝日を見ることができる

行き方／船

小値賀島 ―― 約25分 ―― 野崎島

※町営船「はまゆう」の運航日は時期により変動。天候によって欠航の可能性あり。問い合わせは、おぢかアイランドツーリズム（0959-56-2646）または小値賀町役場産業振興課（0959-56-3111）まで。

野崎島ってこんなところ

野崎・野首・舟森の3集落があり、昭和30年代には650人が暮らした。野崎集落は神道、船森集落はキリスト教を信仰。今は宿泊施設管理者の住民票があるのみのほぼ無人島。

※教会見学には、おぢかアイランドツーリズムの許可が必要。携帯電波が使えるかどうかはキャリアによる。

宿泊・食事など／上記ツーリズムが運営する廃校に（野崎島自然学塾村）宿泊でき、夏には運動場跡でキャンプもできる。食事は旧家庭科室を自由に使うことができ、冷蔵庫も完備。

約400頭のシカが住む野崎島。この島はもうシカのもの

残された集落

港からすぐの廃墟アパートから、どう考えても生き物が壁にぶつかる「ガンガン」「ゴンゴン」という大きな音が聞こえてきた。近づくと窓ガラスは割れ、その割れた窓から中をのぞくと畳は破れてその原形をとどめず、部屋中に草が生えている様子が見える。

恐る恐るといった具合で音のする方向に耳を澄ませると、突然どこからか獣が飛び出てきて私をかすめるようにして走り去った。辺りにはまだ、はっきりと獣特有のにおいがしている。私は「ぎゃー」っと声にならない声で叫び、その場にへなへなとへたり込んだ。獣はものすごい速さで駆けていき、50メートルほど距離をとった所でようやくこちらを振り向いた。飛び出してきた生き物の正体は、この島に４００頭近く生息するというキュウシュウジカであった。

しかし、家の中にはまだ数頭がいるようだ。人が近くにいることに気づいた彼らは慌てふためき「バタバタッ」「ガンガンッ」と激しく壁や床にぶつかっている。その音はヘタなタップダンスのようでもあるが、のん気なことを思ってもいられない。彼らもパニックなのだろうが、私もいつどこから飛び出してくるかと気が気ではない。

数秒間の長い沈黙が流れた次の瞬間、中から続けざまに壁をぶち破るような衝突音がしたと思うと、窓から2頭のシカが同時に飛び出してきた。2頭は私の両脇をかすめるように走り去っていく。「何これ、映画？……」。足を震わせて振り返ると、彼らも彼らで、いつでも逃げられる距離を保って瞳孔を開き「何だったんだよ？」とキレ気味で私にガンを飛ばしていた。「いやいやいやいや。俺だって超怖かったから！」と思わず反論したくなる。

まだ中に残っている可能性も否定できず、怖いのでパンパンと手をたたきながら音を出し、外からそっと家の中をうかがう。朽ちているといえ、他人の家。入ることはできないが、外からでも中の様子を見ることはできる。ふすまや畳はボロボロに破れ、草が生えた風呂や台所、欠けた食器、破れた雑誌などが散乱していた。生活が確かにそこにあり、そして突然消えた廃墟の集落があった。

学校跡の宿舎前に白骨化したシカの頭が並べられていた。そこそこ悪趣味 !!

1. 道中の切り株は「電柱の跡」らしい　**2.** 山道にはまるで遺跡のように巨石がゴロゴロしていた
3. 石垣だけが残る段々の舟森集落跡　**4.** 所々にあるはげましの言葉がうれしい
5. 残るのは石や煉瓦のみで木は朽ちてなくなる　**6.** 境界を示す字界石。右から読みます

舟森地区は最初に３人の信徒が住み始めた集落の跡。切り立った斜面には最盛期で150人ほどが住んでいたという。３人が住み始めたのは、人の行動で助けられる人がいて、そこから綿々とつながっていくということを、まざまざと教えられる奇跡のような話だった。

それはこんな話だ。外海の浜辺に熱心に祈りを捧げていた親子がいた。たまたまそれを見た小値賀の船問屋が話しかけると、その親子は「私たちは明日にも処刑される」と彼に打ち明ける。かわいそうに思った船問屋は、自分の船の漁網に彼らを隠して島へと連れ帰り、この地区にひっそりとかくまった。船問屋の行動が親子の命を救い、その後、移り住んだ信徒たちの心をも救った。他人のふとした行動で助けられる人がいて、そこから命が綿々と受けつがれていく。そして今も多くの子孫たちが生まれ全国で生きている。野崎島はまさに奇跡が生まれた島なのだと思う。

「かつてここにあった」とガイドさんに伝えられた家や学校は、ほとんどが地面に飲み込まれ、土台と瓦だけが残っている。土台の痕跡はあっても、ほぼ森と化し、廃墟とすら言えない。ガイドさんが教えてくれないことには何があったのかは想像すらできないだろう。

集落から人が消えて約半世紀がたち、ほとんど全てが消えた村の跡。船に乗り海上から見上げると、荒れた段々畑には何かを訴えるように白い十字架だけがあった。

COLUMN_13

トレッキング

学校に着き、宿泊する校舎に少ない荷物を置いた。今日の食料と下着とジャージだけだが、少しの荷物でも荷物は荷物。たとえわずかでも邪魔である。荷物はないにこしたことはない。という訳で、今から私は船着き場から山を越えた、島の南端にある「舟森地区」まで歩く。行程は片道約2.8㎞。往復で約３時間。こうして「本を書く」という目的がなければ、躊躇する絶妙な距離だ。

しかしなんといっても私も五島出身者。山に入っても「山だ」とすら思わないほど山で暮らしてきた自負がある。家の後ろは山。前は川。その先には海という環境で育ったため、山は普段いつもある日常の景色なのだ。

2018年秋、両親をそれはそれは風光明媚な京都の竹林に連れて行ったのだが「おい、これはもしかしてずっと竹が続くとか！」「こんなに観光客があるばってん、竹みて何が楽しかとか！」「五島にいくらでんあろうもん」と詰問され、結局途中で引き返さざるを得なかった。妹家族含め全員が五島人。やつら（五島人）は自然に全く感動しやがらない。

島を出たとはいえ、私も彼らと同じDNAを持つ人間である。島の景色は見慣れている。「１人だときっと引き返す」と考えた私は、小値賀アイランドツーリズム主催のツアーに参加することにした。ガイドさんがいれば強制的に歩かざるを得ない。それに有料でもガイドさんがいた方が、いろいろと質問もできる。

世界遺産

旧野首教会

野崎島の集落

夕日に残された教会。手前には崩れた家屋がある

島の中心にある旧野首教会は、廃校の小学校から約50メートル先の小高い丘の上にあった。周囲には持ち主のいない段々畑が広がっており、かつてまわりにあったと思われる家はぺちゃんこになって崩れている。土の上には瓦だけ。他には何もない。島には教会と荒涼。オレンジ色に広がる夕日だけがある。

聖堂は鉄川与助初めての煉瓦造り教会でもある。創建時の原形がほぼ完全に保たれていることから、五島の教会堂が木造から煉瓦造へと移行する時期のことが分かる貴重な建物となっている。

野崎島では禁教時代、信徒50数人全員が平戸に連れて行かれ、改宗するよう拷問を受けた。しかし、彼らは信仰を守り続け子孫に受け継いだ。そうした長い苦難の時代が終わり、信仰を守り続けた島民たちは一日の食事を二度にし、漁で得たお金をためて１９０８年、現在のお金で約3億円をかけて教会を完成させた。

夕日で染まった教会は重厚な煉瓦造りである。イギリス積みで建てられた外観はまるで西洋のお城のよう。しかし近づいてよく見ると屋根は普段見慣れた和瓦ででき

教会内では天井や祭壇、柱頭など細かな場所にも注目してみよう

ており、壁は竹と縄で骨組みを作り、その上から土で固められている。こうして西洋と日本の伝統的な建築法が随所に混ざりながら使われている様は、当時の大工や信徒たちが試行錯誤しながら考え抜き、少しずつ建設していった様子が想像できて面白い。

何もない聖堂だからだろうか。花模様の尖塔アーチ窓の美しさが際立っていた。リブ・ヴォールト天井は柱頭の高さを基準点としてつくられているという。天井の両側からはステンドグラスの光が木の机や床を色づかせていた。当時ヨーロッパから輸入されたというステンドグラスから差し込む光は、きっと建設当時のままに温かい。

石垣の上に建つ教会正面には天主堂の文字が見える

旧野首教会（きゅうのくびきょうかい）

住所／小値賀町野崎郷野首
（港から徒歩約20分）

竣工など／1908年。瓦葺き屋根、平屋煉瓦造り。約145㎡。英国積み。鉄川与助の最初の煉瓦造り教会

設計・施工／鉄川与助

内部の見学はおぢかアイランドツーリズムに連絡が必要です。おぢかアイランドツーリズム（0959-56-2646 ／ http://ojikajima.jp/）

教会のある一日

校庭に立ち、丘の上の聖堂を見ると2頭のシカが草をはんでいた。金色の夕日が今にも彼らの背に届こうとしている。

手入れされていない校庭を歩いていると、どこからともなく「チチチチ」と小さな音が聞こえてくるのに気がついた。耳を澄まして、足元を見ると、私が歩くたびに3センチほどのまるまると太った小さなバッタが3〜5匹飛び出し、夕日に照らされながら羽音を響かせていた。5歩も歩けば、私の足元はバッタだらけである。逃げるバッタたち。住居を踏み荒らす巨人。するとそんな私たちのやりとりに気づいたのか。教会そばのシカたちが「何アナタ？　まさか、そのまま歩いてこっちに来るんじゃないでしょうね？」という目で私を見つめたあと「キャーン」と警戒の鳴き声をあげた。

教会に近づいていくと、仲むつまじいシカのカップルが「ヤレヤレ、やっぱりこっちに来ましたか」といった様子で少しずつ少しずつ、名残惜しそうに教会から離れていった。何だか申し訳ない。

扉を開けると夕日が影を作り、扉を閉めた瞬間に堂内は静けさに満たされる。誰もいない。あぁ、ここにいるのは本当に私ひとりなのだなと思う。

夜になり、再び校庭に出て空を見上げる。人工的な光のない島の教会の真上には、空いっぱいの星が瞬いていた。島の夜というものはこんなにも明るいのかと思うほどの小さな光の集合体が浮かんでいる。この景色を独り占めするのはとてもぜいたくな気がしたが、島には管理人以外、やっぱり私しかいないのだった。

静かな夜を迎えた翌朝。早起きして薄明かりの中、校庭に出ると、教会の入口に数匹のシカが並んでいた。まるで扉が開くのを待っているように縦一列となり規則正しく並んでいる。ひょっとしたら島から消えてしまった人間に変わり、毎日こうして礼拝しているのかもしれないなと思う。

1. 夕日が差し込む教会内部へと続く参道
2. 青い窓から室内にたゆたう光は、まるで外に広がる海のように穏やかだった
3. 椿をモチーフとしたステンドグラスの玄関扉。「固い結束」という意味が込められているという

下五島 Shimogoto

飛行機でも行けるよ。マンガ「ばらかもん」の舞台

大瀬埼灯台

住所／五島市玉之浦町玉之浦
日本の灯台50選、日本の夕陽100選にも選出。光達距離は23.5里と日本最大規模。山頂の無線所は日本海海戦の端緒となった「敵艦見ゆ」の第一報を受信したとされる。多くの兵にとって本土として見る最後の地となったことから、灯台を見下ろす場所に北村西望（人間国宝）作「祈りの女神像」が建てられている。映画『悪人』のロケ地。大型のタカ「ハチクマ」が飛来し、越冬のため東南アジア方面へと向かう。

井持浦教会のルルド

住所／五島市玉之浦町玉之浦1243
フランス人宣教師ペルー神父により造られた教会にある。南フランスのルルド・マッサビエル洞窟を模しており、日本最初のルルドでもある。本場の奇跡の泉から取り寄せて祝別されたことから全国から信者が訪れる。教会堂は五島最初のロマネスク様式で1988年に再建された。

高浜海水浴場

住所／五島市三井楽町貝津1054-1
日本の渚100選。日本一美しい砂浜として売り出している。私の出身地である上五島の蛤浜と同じくらいきれい（負けず嫌い）。

鬼岳

住所／五島市上大津町
標高315m、全面が芝生に覆われ、景色を見ながらだらだらとするには最高の場所。ただ、それなりに登るのはしんどい。

フィッシング五島モリタ

住所／東浜町1丁目 9-3
電話／ 0959-75-0001
道具の貸し出し（500円）があり、手ぶらで行っても釣りが楽しめる。福江港から徒歩5分。

武家屋敷通り

住所／五島市武家屋敷2丁目
福江城近くにある通り。いざという時、武器代わりに使うため小石を積み上げてできている。

荒川温泉

住所／五島市玉之浦町荒川130-2
電話／ 0959-88-2205
日帰り入浴の町営温泉で食事もできる。温泉は大人300円。近くの旧バス停を利用した足湯は無料。

下五島と言えば…

五島牛乳

五島市のみで販売している牛乳。見つけたらスグ購入しよう。

五島牛

潮風と自然の草で育った五島牛の肉。最高級黒毛和牛として有名。

五島炒麺

長崎名物「皿うどん」の下地となるばりばりめん。写真は五島炒麺（チャーメン）であんかけスープ付き。

ツバキ猫

五島市のゆるキャラ「つばきねこ」。由来は島に多い、ねことツバキから。あんまり可愛くないところ？が魅力。

Baby Qoo

住所／五島市奥浦町1997　電話／090-8765-3581　※不定休

堂崎天主堂隣のテイクアウトカフェ。テイクアウトカフェと言いつつ、店の奥には机や椅子もある。店名は飼っている犬のクーちゃんから。看板娘のおばあさんは麦わら帽子がトレードマーク。「店は息子が『ぼけ防止に』と作ってくれたとばい。みんな来てくれるけん、ここでこうして、色んなお客さんと話すのは楽しいかよ」とニカッと笑ってコーヒーを手渡してくれた。

菓子工房nokonokiと巡礼茶屋oratio

住所／五島市奥浦町1995　電話／0959-73-0969
休み／午前と火・水曜　※新型コロナのためテイクアウトのみ。

堂崎天主堂の並びにあり、海沿いのお洒落な店内に光が差す。教会がモチーフのスイーツは、お土産としても購入できる。地元食材を使ったケーキは、どれも思わず笑ってしまう美味しさ。

こふひいや

住所／五島市栄町2-14　電話／0959-72-5777　休み / 火曜

1979年オープン。常時10種類近い手作りケーキがある人気店。40年変わらないチーズケーキが店のいちおし！五島ぷりんはまろやかで絶品。懐かしい雰囲気とバス停のような外観が特徴。島出身の女優川口春奈さんが写真集の撮影でも使った場所。

上五島 Kamigota

やっぱり地元！上五島最高!!

龍馬ゆかりの広場

住所／新上五島町江ノ浜郷
坂本龍馬が長崎のグラバーから購入した練習船ワイル・ウエフ号が暴風雨にあって遭難。寺田屋事件で傷を受け鹿児島で療養中だった龍馬が駆けつけ慰霊碑建立を依頼したとされる。

日島曲古墓群（日島の石塔群）

住所／新上五島町日島郷
中世から近世にかけての古墓群。70以上の石塔が並び、まるで賽の河原。大陸との交易品を運んだ帰りの船に乗せていたバラスト（重さを調整するための石）として持ち帰ったといわれるものが多い。日本遺産の構成文化財。

廃校

上五島に限らず、島中は廃校だらけである。土に埋められたカラフルタイヤをポンポンと飛ぶ。運動場にはほかに誰もいない。写真は「旧若松町立上荒川小学校（新上五島町荒川郷141-4）」

有川港多目的ターミナル

筆者の実家のお土産屋がある。人気の「五島うどん」の数は豊富で常時20種類以上を置く。捕鯨館ミュージアム（大人 200円）もある。外にあるクジラのオブジェは子どもに人気。

島の夕日

江袋や島で最後に日が沈む矢堅目がオススメ。「なんでこんな島に!?」と思うほどお洒落なレストラン併設の「マルゲリータ（小串郷1074-1）」は、朝日も夕日も満喫できる。

ハマンナとトトロ岩

新上五島町赤尾郷にある知る人ぞ知る浜辺。景色はとにかく絶景だが、漂流ゴミは多いので泳ぐより見る場所でもある。丸い石の浜辺が特徴。岩場では1m級の大きな魚も釣れる。ライオン岩（トトロ岩）も見えるよ。

上五島と言えば…

五島うどん

日本三大うどん。椿油でコーティングしており延びにくい。細麺でつるつる。

かんころ餅

五島人のソウルフード。できれば売っているものより、家庭の味を楽しんでほしい。その辺のおばあちゃんにもらおう。

↓盛り付け!!

2千円分の魚

アジ、カワハギ、サザエ、イカ、タイ、うちわえび etc。スーパーで2千円分の魚介類を買い「見栄えのいいように盛り付けて」と母に頼んだらこうなった。私の美術センスのなさは遺伝だな……。

鯨見山展望所と海童神社

住所／新上五島町有川郷
（有川港ターミナル近く）
江戸時代の捕鯨が盛んだったころ「山見小屋（見張所）」が置かれていた場所に建つ。小高い山の上にあり、有川の町と海が一望できる。ナガスクジラのアゴの骨でできた鳥居は迫力がある。

はまぐりデッキ

住所／上五島町の蛤浜海水浴場
上五島にもオシャレカフェが誕生していますよ！と言いたくなるスポット。遠浅の砂浜が続く美しい海を眺めながら、上空をワシが旋回しているのを見て、ふふふんしよう。

カトーコーヒー

住所／新上五島町有川郷 2613-2
電話／ 0959-42-5655
有川港ターミナルそば、私の従兄弟が経営している江浜石油の横にある珈琲専門店。「今日のコーヒー」（280円～）営業時間は10時～17時30分。火曜定休。持ち帰りもできる。

かもめ亭

住所／新上五島町有川郷2427-11
電話／ 0959-42-5577
浜辺に佇む上五島には珍しいオシャレなカフェ。宮崎出身の夫と店の近くで育った妻の2人で経営。島の食材を使った定食はボリューム満点。

矢堅目の塩本舗

住所／新上五島町網上郷 688-7
電話／ 0959-53-1007
冷水教会そばの手作り塩屋さん。昔のステンドグラスが飾られている。近くには宿泊施設もあり、海を見ながらバーベキューもできる。塩ソフトクリームが美味しい。

オサダのたこ焼き

住所／新上五島町青方郷1702
「何だか嬉しいオ・サ・ダです。チュルルリ、チュラチュラ♪」で（一部では）おなじみ。たこ焼きはふわとろ。

小値賀島 Odika

島中の人、み〜んな知り合い!!

小値賀港ターミナル

どこの島でも朝刊が届くのはお昼過ぎ。夕刊は見たことがない。それが島の常識。観光情報やツアーなどを行うおぢかアイランドツーリズムもここ。レンタルサイクルもある。小値賀は落花生が有名で商品も豊富。カラーテープはお別れの際の必需品だ。

斑島のポットホールと白い鳥居

住所／小値賀町班島郷玉石鼻
橋を渡り、黒ねこに案内された先には、国の天然記念物でもある「ポットホール（甌穴）」があった。世界第2位の大きさ。近くにある白い鳥居が神秘的。

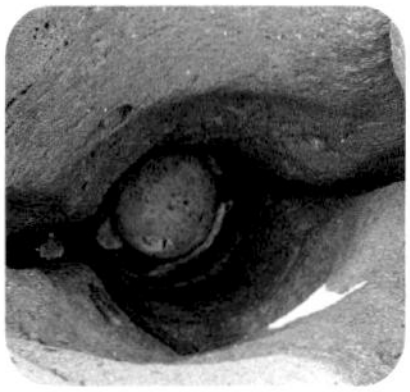

小値賀のマンホール

足元注意。ここにもシカが!!

廃バス

廃校同様、島にはなぜか放置された廃バスだらけ。ほとんどの場合は荷物入れになっている。

赤浜海岸

住所／小値賀町前方郷
ターミナルから自転車で約20分。火山で作られた海岸で軽石もごろごろ。高台にある公園にハンモックを吊るし、ぼーっとすることもできる。

休憩所「商家尼忠東店」

住所／笛吹本通りの喫茶タートル横の路地に入り右手
明治時代後期に建てられた小値賀を代表する商家、尼崎家の本店跡を改修した無料の交流スペース。飲食物の持ち込みもできる。

江川商店

住所／小値賀町浜津郷 276-1
電話／ 0959-56-2314
「お年寄りが多くなってきたから」と店の拡張を決めた江川商店。島人の台所的存在だ。小値賀オリジナルグッズも開発。観光やお土産など相談してみよう。

久賀島 *Hisaka*

信号機は１つあります

牢屋の窄殉教事件の地（牢屋跡）と記念聖堂

住所／長崎県五島市久賀町大開
厳しい弾圧の時代。わずか2㎡の牢獄の中に約200人が8カ月の間監禁され42人が亡くなった現場。巡礼地でもあり、多くの信徒の碑が並ぶ。

浜脇教会

住所／五島市田ノ浦町263
（田ノ浦港から徒歩で20分）
五島最初のコンクリート教会。旧教会は五輪集落に移築された。

川端商店

島唯一の商店。ここで食べ物と飲み物を買おう。

フェリーシーガルとフェリーひさか

福江島と久賀島を結ぶ。シーガルはまぶしい黄色でひさかは蛍光ピンク。問い合わせは木口汽船 0959-73-0003。

奈留島 *Naru*

ユーミンの歌碑で有名

みかんや食堂

住所／奈留町浦409-1
電話／ 0959-64-2079
朝8時から開いているので、太古丸で訪れた後の朝食に〇。島で昼もやっている店は貴重。ちゃんぽんが有名だが、洋食含め定食も50種類近くある。

不思議な店

流木やキン肉マン消しゴムの人形、飲み終わったヨーグルト容器などを不思議な組み合わせで陳列する島の珍スポット。足を踏み入れると何とも言えない感想がわきおこること請け合いです。

ユーミンの歌碑

住所／奈留町浦 1246-2
（奈留港から徒歩10分）
島の生徒が松任谷由実さんのラジオに「自分たちの学校には校歌がなく、作ってほしい」と依頼。遠くへ旅立つ友を思う島人の心を歌った「瞳を閉じて」ができた。正式な校歌ではなく愛唱歌となった。歌碑はユーミン直筆。

奈留町漁業協同組合

住所／奈留町浦1839-7
電話／ 0959-64-4000
魚を直接買えるほか、通販もある。島の新鮮な魚は本当においしい。

死亡者数の看板

とある島民談。「どうせ（交通事故では）死なんけん、ありゃ、もう数年前から止まっちょる」

第４章

長崎本土編

昔から世界に開かれた土地で生まれ育った
長崎人たちは明るく、いい意味で適当だ。
いい加減？　いやいや、「良い加減」です。

長崎本土　良い加減な人たちに会いに

木漏れ日の中、ベンチの下でスヤスヤ。顔をなでても、お腹をさすっても全く起きない。安心しすぎでは？と疑問がわくレベル

グルメと異国情緒あふれる街へ

長崎空港からバスで市内に入ったのは、午前10時をまわったころだった。「昼はちゃんぽんか。佐世保バーガーか。う～ん、長崎名物トルコライスも捨てがたい」と考えながら車窓を眺めていると、家が山の斜面にへばりつく長崎独特の景観が見え始めた。日本三大夜景のこうした景色は、山に囲まれたすり鉢状の地形だからこそ成り立つ。中心地に近づくに連れ、街の中から自転車の姿が消える（長崎市の人は自転車に乗れない人が多いのだ）。

長崎駅前で降り、港まで歩くことにした。ブリキのおもちゃのような1両編成の路面電車がゴトンゴトン、と大きなリュックとお土産を抱えた私の横を過ぎ去っていく。駅から港は絶妙に遠い。「そんくらい歩くかぁ……」と10人中8人が思う距離なのだ。

長崎には嫌になるほど坂が多い。精楼流しやおくんちが通る県庁坂、オランダ人たちが礼拝時に通ったオランダ坂、赤穂浪士たちが手本にした長崎忠臣蔵のけんか坂

眼鏡橋は日本初の石造りのアーチ橋。川沿いの壁にはハート型のものが20近くあり、見つけると恋が叶うといわれている

など有名所だけでも数え上げればキリがない。

時刻表を見ると、まだ船の時間まで5時間近くあった。ふと思い立ち大浦天主堂まで歩くことにする。最初は「電車かバス」と思っていたのだけど、単純な私はロッカーに荷物を入れ体が軽くなった途端、気分まで軽くなって、どこまでも歩ける気がしたのだ。

街中にミンミンゼミのけたたましい鳴き声が降っていた。とにかく暑い。そしてやっぱり坂が多い。だが、羽が生えた私はズンズンと県庁坂を登り、眼鏡橋で「ちりんちりんあいす」を買って、気分よくかぶりつく。シャリシャリとしたアイスは昔と変わらない柑橘の味がする。

1組のカップルが橋の上で式の撮影をしていた。アイス売りのおばさんによると、毎日のように撮影会があるという。「今日の人はきれい」だとか「あの子の衣装イマイチね」なんて、常連客と話しながら過ごすのが楽しみなのだそうだ。カップルたちはまさかこんな近くに品評している人がいるなんて夢にも思ってはおるまい。橋の上から見下ろすとコイたちが優雅に泳いでいた。あでやかな赤色のコイと今日の花嫁の色や柄はほぼ同じだった。

世界遺産

大浦天主堂

正式名は「日本二十六聖殉教者聖堂」。信徒発見の地として有名な大浦天主堂は、現存する日本最古のカトリック教会堂でもある。その名の通り、二十六聖人に捧げられた教会は、殉教地である「西坂の丘（西坂公園※）」に向けて建てられている。

尖塔アーチのバラ窓やリブ・ヴォールト天井が特徴的なゴシック式の建物は外も中も美しい。一部とはいえ、ステンドグラスのように繊細なものですら、こうして１００年前の物が残っているというのだから、「台風が多い長崎でよくもったな」と思わず感嘆してしまう。

教会の建つ山手地区は当時、外国人居留地だった。そのため街には舶来の品があふれ「日本の小ローマ」と呼ばれていたそうだ。天主堂の近くには旧羅典神学校や旧伝道師学校、旧長崎大司教館など西洋建築の建物が点在している。すぐ近くには世界遺産にも指定された「旧グラバー住宅（グラバー園内）」もあるため、散策するだ

グラバー園の敷地からは緑に囲まれた天主堂が見える

けでも飽きることはない。

しかしこうして観光地であるのに、長崎という街は一本小さな路地に入るとほとんど観光客の姿を見かけなくなるのは不思議だ。地元の人しか知らないような、地域密着型のカステラ屋さんや石畳の小道などローカル色あふれた場所にふと行き着くのも楽しく、王道コースを少し外すだけで、冒険気分が味わえるのはうれしいものだ。

すれ違う人と軽く会釈を交わしながら、石畳と融合した西洋風の建物が並ぶ風景を歩く。「異国情緒あふれる街・長崎」という長崎を紹介する時のキャッチフレーズはまさにぴったりなうたい文句だ。街を歩くだけで、過去と現在が混ざってしまうような感覚がする街というのはそうはない。

グラバー園からは長崎の港町を一望できる。大型船が停泊しているのが見え、空は青く、天気はぽかぽかだ。こうして良い天候と景色だけあれば、満足できるようになったのは、年を取ってしまったこととイコールなのかもしれないが、決して悪いものではないな、と思う。

アーチ形のバラ窓が日差しを室内に届ける

信徒発見を記念してフランスから贈られた、街を見つめるマリア様。正式名称は「日本之聖母」

西坂の丘には二十六聖人のレリーフがある

大浦天主堂（おおうらてんしゅどう）

住所／長崎市南山手町5-3（長崎駅から路面電車で約15分。天主堂下で降り、そこから徒歩約5分）
竣工など／1865年。煉瓦造りで一部木造。約538㎡
内覧・受付／8時半～18時（受付は17時半まで）
※冬は17時半（受付は17時まで）
拝観料／大人1000円、中高生400円、小学生300円
連絡先／095-823-2628

※西坂公園は長崎市西坂町7-8

信徒発見

日本のキリスト教の歴史は弾圧、迫害の歴史だった。特に長崎では16世紀、長崎港を開いたキリシタン大名、大村純忠らのもとキリスト教徒が増加。貿易のため、信仰ではなく布教を禁止するなど、緩い取り締まりをしていた豊臣秀吉の下、信仰は農民たちの間に急速に広がっていった。しかし１５９６年のサン＝フェリペ号事件で状況は一変。秀吉は再び宣教師追放令を出す。

１５９７年2月5日、見せしめのため京都や大阪などから集められた日本人信者20人、宣教師6人の計26人が処刑された。この26人は、のちにカトリック教会から聖人に加えられ「日本二十六聖人」と呼ばれるようになる。彼らが処刑されたのが長崎市西坂町にある「西坂の丘」だ。殉教地にはのちに赤い花をつけるツバキが植えられた。

不幸なことにキリスト教徒への迫害は徳川家康の時代も続き、厳しい拷問を受けた信徒たちは次々と棄教させられていった。そこで長崎や天草の信徒たちは、口伝だけで伝える祈り「オラショ」や仏をマリア様と見立てて信仰する「マリア観音」など、様々な方法で「かくれ」として生きる道を選んでいく。

禁教政策から約２５０年たってもなお、信仰は禁じられていた。そんな中、貿易のため日本で唯一、外国との窓口を持っていた長崎に外国人の居留者のため大浦天主堂が建設される。大浦天主堂のような建物は当時の日本人にとって大変珍しく、多くの人々が観光地として訪れ、その噂は各地に広まっていった。

一方、居留者たちは「何百年もキリスト教を禁止していた国。日本にはもう信徒が残っているはずがない」と思いながらも、わずかな希望をかけ、教会の正門に「天主堂」の文字と十字架を掲げていた。

そして教会が完成した1カ月後の3月17日の昼下がりのこと。見物人と思われた十数人の中の女性１人が堂内で祈りを捧げていたフランス人神父に近づいてささやいた。「ワタシノムネ、アナタトオナジ……」（私の信仰はあなたと同じです）。「信徒発見」と呼ばれたこのニュースは「東洋の奇跡」として欧州世界に駆け巡った。

COLUMN_14

殉教の赤いツバキ

薔薇が日本にまだない時代。日本二十六聖人の殉教地に赤い花をつけるツバキが植えられた。キリストの血であり、殉教の象徴でもある赤い薔薇の代わりとしたと言われている。ツバキは、その後、外海から渡る信徒によって五島各地に広まった。

夏の暑さが残る９月になると、島中で椿の実を手摘みする作業が始まる。赤く柔らかな実には３つ～４つの黒い種がある。この種を１週間天日干しし、粉砕。蒸して圧搾すると黄金色の油が取れる。島の椿は基本的には自生なので無農薬。美容にも効果があるとされ人気が高い。

10月になり「きょう、椿の回収日だよ」と観光課に勤める友人から聞いて、さっそく同行させてもらうことにした。軽トラックがいくつかの集落をまわると、荷台は見る間に椿の実が入った麻袋でいっぱいになっていく。

頭ヶ島集落に着くと、近くに住む椎山夫婦が、山積みになった袋を自慢げに指差し「200kg以上あるばい」と話してくれた。実際に測ると227kgあり、今回見てきた中では最高の量である。

車に積み込む作業が終わると、椎山さんが小さなころ、信徒たちが暮らしていた集落の様子を話してくれた。

集落にある頭ヶ島天主堂に使われた外壁の石は祖父母たちが船で1日数個ずつ運んだが、資金不足で、何度も建設が中断され完成に10年近くかかったのだそうだ。また、子どもの頃は、学校が終わると教会でまた勉強があったのだと懐かしむ。

トラックの荷台からは小さなビー玉のように黒光りする椿の実が袋の中でこすりあわされる音がする。教会に夕日が差し、もうすぐ今日が終わろうとしている。近所の人たちと雑談をはじめた椎山さんたちからは笑い声が絶えない。ふと「あぁ、これは幸せの音かもしれないな」と思う。

カステラとさだまさしさん

「どうせ売り切れでしょうね」と半ば諦めながら「岩永梅寿軒」に寄ってみたのだけど、案の定売り切れだった。時刻は午後1時をまわっている。午前中には売り切れ、予約販売は2~3カ月待ちの有名店なので仕方がないのだが、佐世保に勤務していた4年間、出張のたびに挑戦し続けてまだ一度しかありつけたことがない。理由は私がいつもチェックアウトギリギリに起きるからなのだが……。

しかし、気ままに散策している間にすっかりカステラ脳になってしまったようだ。どうしても今、この場で食べたい。目に入った外観がお洒落なお店の看板に「カステラ」の文字を見つけ、即決で入ることにした。そこは偶然、長崎出身の歌手、さだまさしさんの家族が経営する店「喫茶自由飛行館」だった。店内には新聞やらグッズが置かれている。1年前さださんに少しだけインタビューさせていただいたこともあり、1人テンションが上がる。オススメは、さださんが考案した「焼カステラセット」と教えていただき早速注文。メニューには「カルピスバター乗せ」と説明書きがある。焼いたカステラにカルピスバター。「そもそもカルピスバターって何?」と思いながら、おそるおそると口に入れると、「あれ?うまかばい!」。焼くことで香ばしさが増し、バターがカステラの甘さを引き立てている。さすが、さださん!

最後に店内の写真などを撮らせていただくと、商品の前で手を広げてくれたり、商品を持ってくれたり、サービス精神旺盛でさすが長崎人だなと、うれしくなった。

看板商品のカルピスカステラ

さださんグッズにあふれる店内。記念スタンプも充実

COLUMN_15

幸せを招く長崎の「かぎしっぽねこ」

二十六聖人のレリーフがある西坂の丘に上ると、ぽかぽか陽気に誘われた子ねこたちがお腹を見せてゴロゴロとくつろいでいた。私が近づいても薄く目を開けるだけで、１匹たりとも動じない。

「10匹近くいるのにただの１匹も警戒しないなんて、ちょっとおかしい」。私はためしに白い子ねこのお腹を擦ってみた。やはり全く逃げない。むしろ気持ちよさそうに私の手の動きに合わせて、ゆさゆさと全身を揺らしてくれる。試しに手を止めてみると、片眼を開けて私を見つめ、お腹の上に置いたままの私の手のひらを小さな肉球で叩き、さらなるゆさゆさをねだる。「ズキューン」。かわいすぎます。参りました。しかし、ここまで人間に警戒心のない野良猫たちも珍しい。

坂の上や港、路地などあらゆるところに現れる長崎のこうした地域猫たちは、人間への警戒心が少ない。でも、かといって商品を盗んだり、家の中に入り込んだりなど変なイタズラはしない。つかず離れず、こうして人間とちょうどよいバランスを保っているのは、この町に住む人たちの接し方がきちんと節度を保っているからなのだろうと思う。

長崎ねこ学会によると、長崎には幸運をまねくといわれる、「かぎしっぽねこ」が多く、その割合は全体の８割近いという。鍵しっぽのねことは皆さんの想像通り、尾の先が「くるりん」とスティックのように曲がっている形だ。私のような長崎人はむしろ、この形が当たり前だと思っているから、ねこたちの尾がまっすぐだと、「興奮しているのかな」と思うほどである。

この尾まがりのねこたち。かつて貿易のためオランダ船を運営していた東インド会社が、船内のねずみを駆除するために乗せていたインドネシア周辺のねこがその祖先といわれている。きっと遠い国から船に乗り、長崎に住み着いたのだろう。人にも町にも、そしてねこにまで。長崎には異国情緒あふれる物語があるのだと感じさせてくれる話である。

世界遺産

大野教会堂

外海の大野集落

日差しをたっぷり吸った土と枯れ葉に潮風が混ざり、海辺の森特有の香りがした。歩くと「バリバリバリ」と積もった枯れ葉や枝が踏みつぶされる乾いた音が響く。バリバリバリ。パチパチ。ポキポキポキ。全ての音を混ぜるとやっぱり、バリバリバリバリだなと思う。

禁教令が無くなった後もカトリックに復帰せずかくれキリシタンのままの信徒が多くいた大野集落。そのためか、教会は山奥のさらに少し隠れた場所にある。

同じ外海地区には１８８２年に完成した出津教会堂がある。両地区はわずか5キロほどしか離れていないが、信徒たちが歩いて通うのは大変だったのだろう。大野教会堂は神父が定期的にまわる「巡回教会」として、１８９３年に建設された。教会では年に一度、ミサが行われるが基本的に内部は非公開で入ることはできない。台風などから守るため、窓も木枠で覆われていて、ズレた木製の窓枠から顔をくっつけるようにして中を覗くしかない。

仕方なくまわりを一周してみたが、小さな教会のためすぐに終わってしまう。幅は約6メートル、奥行きは12メートルほどで水はけのためか高床式。周囲には濃い緑色の苔が生え、周辺には白いスイセンの花が咲いていた。

当時、26戸の信徒たちが水に溶かした濁液で砂と石灰を混ぜ、地元の玄武岩を積み上げて固めた通称「ド・ロ壁方式」で作られた壁は、赤や茶色や三角や丸い石がはめ込まれ、「これは根気がいる作業だな」と思う。小窓から中を覗くとやわらかい光が差し込んでいた。質素な床張りの上に整然と机が並べられていて、放課後の教室のようだ。

屋根の十字。同じ外海地区にある救護院も同じような印がある

アマカワを使った壁は「ド・ロ壁」と言われるもの

海風を避けるためマリア像の前にある玄関は二重の壁がある

教会は山の中にひっそりと佇む

反対側に行くと、もう完全に民家にしか見えない

大野教会堂（おおのきょうかいどう）

住所／長崎市下大野町2619（長崎駅から車で約50分）。駐車場あり
竣工など／1893年。木造石造平屋。133㎡　設計／ド・ロ神父
内覧・受付／９時～12時／13時～17時　教会守常駐
※内部は非公開

世界遺産

出津教会堂

外海の出津集落

静寂だけが音を奏でる教会

「どこからでも見えるように」と、小高い丘の上に建てられた教会は、厳しい海からの潮風の影響か、ただ単に天気が悪いためか、その両方の影響なのか、ねっとりとした濃い霧に覆われ、灰色の世界に沈み込んでいた。

遠藤周作の小説『沈黙』の舞台として知られる「外海地域」の丘の上にある出津教会堂は、まるでダックスフントのように細長く、天井が低い天主堂だった。

世界遺産となっている「外海の出津集落」。教会をほぼ頂上にして、石積みの美しい小道が広がる裾野には旧出津救助院があり、教会そばの畑ではほっかむりをしたおばあさんが、軍手をつけて畑仕事をしていた。その様子はまるでヨーロッパの片田舎のような、お洒落な雰囲気がしないでもない。

教会そばの丘の上に立つと、斜面を駆け上がってきた潮風が体にぶつかり少しよろめいた。風を避けるため、背の低い教会にしたという理由にその場で納得してしまうほどの強風だった。

白い外壁からは想像もつかないが、教会はれっきとした煉瓦造りでできている。壁が白いのは上から漆喰を

青空の下に立つマリア像。教会は映画『解夏』の舞台としても使われた

小高い丘の上に立てられた白亜の教会。鐘楼の上にはド・ロ神父がフランスから取り寄せたマリア像が立つ

教会内の机にしまわれている聖書

美しい白亜の教会堂。4年後に再撮影。天気がよくてよかった！

塗っているため。教会の窓掃除をしていた信徒のおじいさんに挨拶して建物を見上げると、玄関前の大きな鐘塔が灰色の空にそびえているのが目に入った。晴れた日もいいが、こういう霧と曇り空で覆われた日も私は好きだなと思う。ただそこにいて深呼吸をするだけで肺の中から浄化されていく気がする。

霧に包まれた木の玄関扉を開く。目の前には三廊式の聖堂が広がり、両脇に丸い柱が並んでいる。雲の切れ間からほんの少し漏れる薄い光が、目の前の木製の床と机に差し込んですぐに消えた。

出津教会堂（しつきょうかいどう）

住所／長崎市西出津町2602
竣工など／1882年。煉瓦造り。約395㎡
設計／ド・ロ神父
ミサ／６時～７時／第１・第３日曜　９時～10時／土曜　19時～20時
内覧・受付／９時～12時／13時～17時　教会守常駐
※ミサ・葬儀等の教会行事の際には、見学不可

世界遺産・外海の集落

世界遺産の出津、大野両集落がある長崎県西彼杵半島西岸の「外海の集落」には今もかくれ（潜伏）のまま、信仰を残す人々が住んでいる。

大村藩の激しい弾圧と比べ、比較的寛容な佐賀藩の飛び地が多かった外海地域には、イエズス会の宣教活動が直接行われたこともあり、当時多くの信徒が住んでいた。

そんな集落が激変したのは1865年、信徒発見の年のこと。プティジャン神父が闇夜に紛れて出津を訪れたことをきっかけに、多くの村人が信仰を隠さなくなってしまった。しかし時代はまだ禁教令バリバリのころ。村人が役人から弾圧されることを恐れた庄屋（キリシタン）は、村役とともに秘蔵のミカエルと十五玄義の絵を盗み、信仰を学ぶ邪魔をしてしまう。この事件（1867年野中騒動）がきっかけで村は村民同士が対立する大騒動に。「よかれと思ってやったのに……」。以降、庄屋派は再び潜伏し、禁教令が解けた後もこれまでの教義を続ける「かくれ」となった。

教会の下には、下の写真のような出津集落が続く

救助院の屋根。大野教会と似ている

今も残るド・ロ神父が教会と救助院などを行き来した小径。写真に写る全体を「歴史の道」と言うそう

北方領土の図書館で『沈黙』のロシア語版を見つけた

COLUMN_16

りんごパン

昔懐かしい「りんごパン」を見つけた。りんごパンは長崎人にとって、とてもメジャーな食べ物である。主に小さな地元のパン屋さんが作っていて、スーパや商店でも買うことができる。てっきり全国的に売っていると思いこんでいたのだが、長崎を出た途端どこにもなく寂しく思っていたのだった。

このりんごパン。りんごとは名ばかりでほとんどの場合、りんごはかけらも入っていない。いわゆるリンゴを連想させるジャムすらもない。

形は丸い。パンとパンの間には甘いクリームが挟まれている。食感は少しじゃりじゃり。このじゃりじゃりが何なのかは不明である。(実際には記事を書くに当たって、いろいろな店のものを食べ比べたので分かるのだが、そこは秘密ということにしておきたい)。とにかく一度食べてみてもらいたい味なのだ。

ひと口食べて「想像通りの味……」。なんてあなたの口が仮にでも動きそうになったらば、ぐっとこらえて、ひと言足してほしい。不満を言うより、褒めてください。長崎県人は褒められて育ちます。「想像通り……、普通……においしい！」。こうしてひと言付け加えるだけで物事は万事解決ですね。

調べてみると、どうやら形が丸いことがその名の由来だと判明した。だがこの説の真偽は不明である。せめてメロンパンのようにギザギザがあるとか、カレーパンのようにカレーが入っているとかすれば分かりやすいのだけど。長崎県人は総じていい加減なので、形が丸いだけで、「じゃあ、りんごパンでよくね？」と安易に名付けたという説は、同じ長崎県人として、それなりに納得できる気もする。

長崎県人のいい加減は「良い加減」なのだと、長崎出身の歌手さだまさしさんが言っていた。「なるほど。うまいことを言うな」と思う。ちなみにお昼どきに「りんご買ってきてよ」と言われると、長崎県人はパンなのか果物なのか、ちょっと迷う。正解はもちろんパンである。

田平天主堂

内部は３廊式。下からアーチ（円）、トリフォリウム（アーチのある狭い廊下）、クリアストリー（上部の採光窓）を備えた本格的な構造。柱の間の花模様や柱頭など細部にもこだわりが見られる

玄関を出ると東の空に鉛色の雲が広がっていた。「ま、大丈夫だろう。今日は七夕だし」と半ば願うように呟いて車のエンジンをかけたのは約1時間前のこと。「さすが2人の逢瀬の日。天気も味方ですなぁ」と呟きながら少しほっとして高台の上の教会そばに車をとめ、運転席のドアを開けた。その途端、大粒の雨があっという間にアスファルトを塗りつぶしていく。

軒下に走り「星は地球外にあるし、2人の逢瀬には関係ないよな」とうらめしく空を見上げる。手の平でバサバサと髪を乾かしていると、ふいに教会の扉が開いて、「あら、雨？　やむまで中を案内しましょうか？」と1人の女性が優しい声と共に私を招き入れてくれた。女性によると田平地区は黒島にいたラゲ神父と出津にいたド・ロ神父が外海から呼んだ7家族が開拓した土地。信徒たちは約2キロある急坂を登り降りして煉瓦や砂などを運び、約3年の歳月を経て教会を完成させた。

聖堂の中は3層となった最上段にステンドグラスが並ぶ。コリント風の柱頭飾と柱の間の花模様との調和が美しく、思わず立ち止まり息をのんだほどの美しさだ。

あいにくの空模様。カトリック墓地の名前も長崎らしく金色だった

貝殻を焼いて作る「アマカワ」という接着材を信徒たちが手づくりしていた跡が残る。きれいな赤い色をしていたので、煉瓦をより一層美しく見せることができた

背面から見た中央祭壇上部のステンドグラス。日本二十六聖人が描かれている

「あら？　あがったみたい」。差し込む光が次第に強まっていることに気づいた女性が、弾んだ声で窓から外に視線を移した。雲の隙間からは海に向かって幾重にも光が落ちている。

「見せたい場所がある」という彼女の案内で外に出ると、敷地の砂利はすでに乾きかけていた。どうやら人騒がせなただの通り雨だったらしい。

　案内してくれたのは、煉瓦に開けられた銃弾の跡。

「こんな田舎まで戦争はやってきた」と静かに女性が話す。教会を見上げると濡れた煉瓦が来た時よりもずっと濃い赤色になりまるで命が吹き込まれたようだった。

機銃で撃たれたという穴の跡

田平天主堂（たびらてんしゅどう）

住所／平戸市田平町小手田免 19

竣工など／1918年。国の重要文化財。正面、側面、背面でそれぞれの煉瓦の積み方が違う変型的なイギリス積で構成されている。世界遺産平戸の聖地と集落（春日集落と安満岳）までは車で約 30 分

設計・施工／鉄川与助

ミサ／月曜・水～金曜　6 時～ 6 時半／土曜　18 時半～ 20 時／日曜　6 時～ 6 時半、8 時半～ 10 時半

内覧・受付／ 9 時～ 12 時／ 13 時～ 17 時　教会守常駐

長崎 Nagasaki

坂道、案外きついよ！チンチン電車でどこでもいける!!

オランダ坂

住所／長崎市東山手町
（路面電車でメディカルセンター下車、徒歩4分）
日本初の女学校である活水学院や洋風の旧住宅が並ぶ東山手地域にあるため、散歩をするのにちょうど良い。坂の多い港町長崎、いろんな坂を楽しんで。

出島

住所／長崎市出島町6-1
電話／095-821-7200
開館時間／8時～21時
入館料／一般520円、高校生200円、小中学生100円
鎖国時代の約200年間、日本で唯一西洋に開かれていた貿易の窓口。島内には住居や料理部屋、蔵などの建物があった。現在少しずつ復元中。

グラバー園（世界遺産の構成資産である旧グラバー邸がある）

住所／長崎市南山手町８-1
電話／095-822-8223（グラバー園）
開園時間／8時～18時（通常）。年中無休
季節により夜間開園もあり。
入館料／一般620円、高校生310円
日本最古の木造西洋建築で世界文化遺産の旧グラバー邸ほか、旧リンガー住宅などもある庭園。旧長崎地裁長官校舎ではレトロ衣装のレンタルもある。日本人初の西洋料理店「自由亭喫茶」は眺望も抜群。園内にあるハートの石を探してみよう。

浦上天主堂

住所／長崎市本尾町1-79
「浦上五番崩れ」と言われる激しい弾圧があった地区にある教会。爆心地の東北約500mの地点にあり、今もその痕跡が残る。被爆後、焼け跡からは頭の部分だけが残されたマリア像「被爆マリア像」が見つかった。原爆の日には、松明の灯りが列を作り、死者を悼む。

祈りの丘絵本美術館

住所／長崎市南山手町2-10
電話／095-828-0716
開館時間／10時～17時30分。月曜休館
入館料／大人300円、小中高生200円
大浦天主堂そばにある外観がかわいらしい絵本美術館。１階は絵本や童話の本を販売。2、3階は美術館となっている。

佐世保 Saseba

ハウステンボスも最高！
バーガーも忘れずに

平戸オランダ商館

住所／平戸市大久保町2477　電話／0950-26-0636
開館／８時30分～17時30分
オランダがアジア貿易や植民地経営のために設立した東インド会社による日本との貿易拠点は1641年に出島に移転するまで平戸にあった。日本初の西洋建築として復元され、各地から収集された、航海道具や絵画や書物などがある。

グラモフォン

住所／佐世保市栄町3-14
外国人バー。店内には米海軍が置いていった帽子やドル札がところ狭しと、飾られている。周辺の外国人バーは基本的にチャージ料金がないのもうれしい。１杯500円～。

外海 Satome

遠藤周作の小説「沈黙」の舞台

遠藤周作文学館

住所／長崎市東出津町77
開館時間／9時～17時
入館料／一般360円、小中高生200円
文学館からは五島灘に沈む真っ赤な夕日を見ることができる。

ちんちん電車

大人140円（1日乗車券は大人600円）スマホを見せるだけでＯＫのモバイル1日乗車券もある。市内にある主要観光地はたいてい電車で行くことができ、長崎人の足。

岩永梅寿軒

住所／長崎市諏訪町7-1
電話／095-822-0977
カステラはほぼ受注生産だが、店頭販売もある。ただし、人気が高く売り切れ必至。運がよければ、午前中なら買えるかも。

チリンチリンアイス

1960年創業の前田冷菓が製造・販売。長崎の夏の風物詩。屋台の先にぶら下がる鐘の音が名前の由来。メガネ橋や平和公園、グラバー園登り口などで購入できる。

COLUMN_17

佐世保を歩く

佐世保駅から日本一長い（横断歩道などで途切れていないというこじつけをするとですが）商店街に入り、すぐ左手には、普通の地方繁華街がある。そこからアーケードをひたすら歩き、巨大シュークリームで有名な「蜂の家」近くの角を左に曲がると外国人用のバーが並んでいる通りに出る。佐世保市は米軍基地の街でもあり、こうした店が多いのだ。レベルの高い長崎の新鮮な海の幸を繁華街で楽しんだ後、外国人バーをハシゴ。締めの佐世保バーガーが佐世保通の楽しみ方である。

外国人客をターゲットにしているいわゆる「外国人バー」は日本人客も案外多く全く怖くない。お通し代という日本独特の文化もなく、１杯500円から気軽に楽しめるのも嬉しい。支払いは米ドルでも可だ。

中でも歴史のある「グラモフォン」は将校クラスが行く店として知られ、写真のように落ち着いた雰囲気。にぎやかに騒ぎたいなら、２Ｆの「プレイメイト」や隣の「G-ROCK」などはいかが？こちらは若い海兵隊が多く、はしゃいで踊って歌ってと陽気な雰囲気だ。ウイスキーを飲みながら本を読んだり、ビリヤードを楽しんだり。1人で数軒まわる人も多く気軽に足を踏みいれてみよう。一定の時間になると若い兵隊たちがオイタをしないよう憲兵隊がまわっているのを見ると「基地の街だなぁ」と思う。

締めはやっぱり、佐世保玉屋（商店街にある老舗デパート）前の「ブルースカイ」である。ここは佐世保最古のバーガー店だが、注文する時は注意が必要だ。「佐世保バーガーください」と言うと怒る。でも実は店主はとてもいい人。ちなみに佐世保バーガー組合には加入していない。そこがまたいい。目の前の鉄板でジュウジュウと焼かれる肉。臨場感と人情の味は、まさに「佐世保“の”ハンバーガー」だ。

黒島　祈りの花が群れる島

黒島（くろしま）

人口／約350人
面積／4.66㎢
島での交通手段／徒歩、自転車（港の観光センターでレンタルサイクルあり）

信仰の島

相浦港から船で約50分。黒島は佐世保の名勝、九十九島を構成する島々の中で最大の大きさを誇る。島は江戸幕府の禁教令から逃れた外海地区のかくれ（潜伏）キリシタンが移住し、多くの信徒が住んでいたことからポルトガル語で十字架の意味を表す「クルスの島」がなまり、クロ島と呼ばれるようになったとも言われている。

信徒発見から2カ月後には、島民20人が大浦天主堂に出向き信仰を打ち明けた。まだ禁教令の残る中にありながら島民全員がカトリックに復帰したほど信仰心の厚いのが黒島の人々であり、今も約５００人いる島民のほとんどが信仰を守り続けている。

島に3軒しかない民宿の一つ、「山した旅館」のスヤ子さんがねこを抱きながら、店の前で日なたぼっこをしていた。話を聞くと、当然のようにスヤ子さんもカトリック一家だと言う。初めて会った私にも島の歴史を親切に聞かせてくれた。ふと見ると、旅館前には小さな商

小高い丘の海が見える共同墓地の外れの方にも墓石が点在していた。小さな墓石に刻まれた年齢は５歳など幼い子のものが多い。黒島は土葬が許された数少ない地。かまぼこの形をした墓石は、土葬で埋葬されていることを示しているそう

店があり、外に置かれた買い物カゴには新聞が数紙入っている。島の中に新聞の配達システムはなく、島民自ら読みたい時に店まで取りにくるそうだ。

スヤ子さんと話をしていると、店の前を通る島民たちが足を止め、「きょうは天気よかね」「魚差し入ればい」と談笑して帰っていく。通る数は少ないが、車はほぼ必ずスヤ子さんの前でとまり、ひと言ふた言何げない会話を交わし、再びエンジンをかけて去っていく。こうした風景を見ていると、やっぱり島っていいなと思う。

お祝いや人が集まった時に作られるのが、名物ふくれ饅頭

配達はなく新聞は自ら店まで取りに行く

行き方／船

相浦港（佐世保） ―― フェリー　約50分 ―― 黒島

※天候によって欠航の可能性あり。問い合わせは黒島観光協会（2311）、または黒島旅客船（2516）まで。

黒島ってこんなところ

長崎県佐世保市の九十九島の中では最大の面積。1954年佐世保市に編入された。島民の8割がカトリック教徒。あちこちに湧き水があり、かつては「水島」とも呼ばれた。島の集落は8つ。黒島の由来はクルスがなまり黒島となったという説と木々が繁り黒いことから「黒島」と呼ばれるようになったという2つの説がある。

宿泊・食事など／山した旅館（2016）、つるさき（2038）、漁師の宿喜久屋旅館（2002）。3旅館とも1泊2食付 6000円～、半日観光2000 円～（※素泊まり料金あり、それぞれ食事だけでも可）。豪快な「島メシ（1300円～ 2000円）」を楽しめる。　※（　）内の番号は0956-56-（●●）

島一番の絶景ポイント蕨（わらべ）展望所からは五島列島も見える

山した旅館には人も飼いねこも島ねこもみんな集まる

世界遺産

黒島天主堂

黒島の集落

黒島は多くの花が咲くことから「花の群れる島」と言われている

島に短い秋が訪れようとしていた。教会近くの畑には、からからに乾いたモフモフの稲が干され、周囲には小さな桃色のコスモスが咲いている。

フランス人宣教師のマルマン神父が設計、指導して建てた教会は島の真ん中にあった。半円アーチが連なる聖堂内。見上げるとリブ・ヴォールト天井が全体の調和を作り、扉や天井版は安価な板に高級感を出すため、信徒たちが刷毛で描いた木目が描かれている。

木製のシャンデリアの影が一直線に祭壇の方へと伸び、その影はまるで万華鏡のように、床や壁に光を落とすステンドグラスの光と交わる。祭壇の床には群青色をした有田焼タイルが一面に敷かれ、赤や緑色の光が注いでいた。影と光がぶつかったり交わったりするその様は、優雅なダンスを見ているようだ。

残念ながら許可の問題で内部の様子をお見せすることができないのだが、聖堂内にはマルマン神父自らが彫刻した説教壇やシャンデリア、洗礼台が当時のまま残されている。

聖鐘やステンドグラスなど、多くの品は神父がフランスから直接取り寄せたものだというが、足りない物は自

ステンドグラスの色は黄色が大地、青は空気や水、緑は植物、赤は太陽を表すという

教会の背面。建設に使われた煉瓦は約40万個。イギリス式で積まれている

ブラインド・アーチ（装飾用の窓）が多いのも特徴

分で造ったというから驚きだ。

祭壇ひとつをとってみても、どうしてこんなにも美しい曲線を個人が造りだせたのか不思議に思う。完璧な造形美も含めて、いつの時代にも「造る才」を持つ人間はいるのだ。私のように仮面ライダーを見ながら描いても、壊れたアリにしかならない人間は、脱帽するしかない。

有田焼のタイルは約１８００枚もある。イギリス式で積まれた約40万個の煉瓦が使われた聖堂といい、信徒らがコツコツと手造りで建てた教会を前に「継続は力なり」との言葉が浮かんで色々と反省させられる。

黒島天主堂（くろしまてんしゅどう）

住所／佐世保市黒島町3333
（港から徒歩約30分）
竣工など／1902年。木造煉瓦造り。約489㎡
設計・施工／マルマン神父・前山左吉
ミサ／月～土曜　6時～7時／日曜7時～8時（4月頃～10月頃迄）、8時～9時（11月頃～3月頃迄）
内覧・受付／9時～12時／13時～16時　教会守駐在
※ミサ・葬儀等の教会行事の際には、見学不可

第5章

天草編

数千の水クラゲが重なってプカプカと漂い、
不思議な物でも見るように、ねこたちが
目をキラキラとさせてその様子を眺めている。

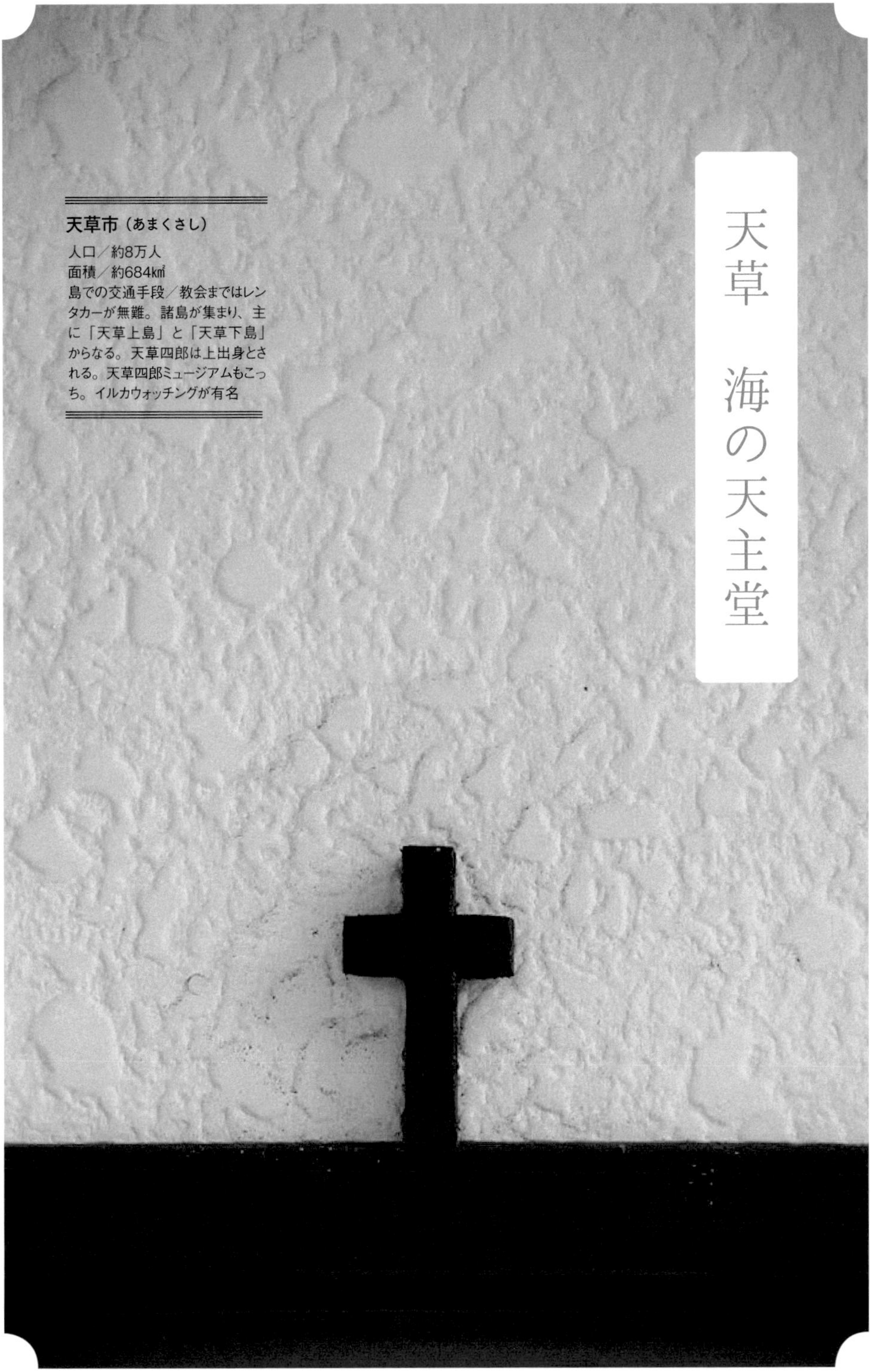

天草　海の天主堂

天草市（あまくさし）

人口／約8万人
面積／約684㎢
島での交通手段／教会まではレンタカーが無難。諸島が集まり、主に「天草上島」と「天草下島」からなる。天草四郎は上出身とされる。天草四郎ミュージアムもこっち。イルカウォッチングが有名

世界遺産

﨑津天主堂

崎津の集落

漁村の中にある海辺の教会

「海の天主堂」と呼ばれるゴシック教会は小さな船が並ぶ漁村の中にあった。青く穏やかな海を背にした建物は、そこにあるだけで、人々を安心させる。

集落のある熊本県天草地方は九州の西端にある。上島と下島に分かれていて約12万5千人が住んでいる。16世紀後半以降、船で容易に渡れることから長崎と共に宣教が行われた地は今、野生のイルカを見るツアーが人気だ。

今回訪れたのは世界遺産登録が決まった２０１８年夏のこと。敷地には小さな畑があり、暑すぎる日差しの下、花びらの上ではアゲハチョウが黒い羽を広げていた。その奥に小舟がたゆたう静かな海が広がっている。

秀吉の伴天連追放令後も信仰は天草の藩主によって庇護され続けていた。しかし、弾圧や苛政に反発する信徒たちは１６３７年島原・天草で一揆を起こす。翌2月、立てこもっていた廃城（島原の原城）が陥落し、天草四郎を筆頭としたキリシタン約3万7千人は皆殺しにされた。

その後、天草の信徒たちはかくれキリシタンとして生きる道を選ぶ。信徒たちは貝殻に浮かぶ模様を聖母に見立てるなど、漁村独特の信仰形態が生まれていった。

残念ながら内部は撮影不可。床の上には、畳が敷かれている

資金不足で途中で木造に切り替えられたため外壁の色も違う

﨑津天主堂（さきつてんしゅどう）
住所／熊本県天草市河浦町﨑津 539
竣工など／1934 年。ゴシック様式で畳敷き
設計／鉄川与助
内覧・受付／9時～16時
見学方法／無料だが、問い合わせ必要
問い合わせ先／九州産交ツーリズム旅行センター（096-300-5535）、HP（https://www.kyusanko.co.jp/ryoko/pickup/sakitsu-church/）から予約もできる。

この時、﨑津などの南部は一揆に参加しなかった。一説には距離が遠く、情報が遅かったためと言われている。

教会の構造は木造だが、尖塔部分などは鉄筋コンクリート製。正面から側面にまわってみるとよく分かるが、建物の真ん中で灰色（＝鉄筋部分）と白（＝木造部分）ときれいに2色に色が分かれているのだ。建設資金が足りず、やむを得ずこうした配色になったという。

リブ・ヴォールト天井の広い窓からの光が聖堂内を輝かせている。祭壇はあの「絵踏み」が行われた牢屋跡に造られており、建設の際、当時のハルブ神父が「弾圧の象徴だった場所に」と願い、この場が選ばれた。そして堂内が畳敷きであることがこの教会の特徴だろう。西洋建築の代表である教会の中に、きちんと敷かれた畳。「日本人はやっぱり昔から畳なんだな」と少し、可笑しい。

教会のすぐ裏手の山に登ると集落が一望できる﨑津諏訪神社がある。ここはかつて棄教が行われた場所でもあり、取り調べられた信仰の指導者は「どちらへ参拝するときも『あんめんりゆす（アーメンデウス）』と唱えます」とこたえたという。

﨑津集落

潜伏として生きる道を選んだ人々が再び境地に追いやられた事件が１８０５年の「天草崩れ」である。村人の半数にも及ぶ約５２００人の信徒が見つかったこの事件。その数の多さに役人たちは「こりゃだめだ」と思ったのだろう。「心得違いをしていたが改心した」として信徒たちは無罪になった。いつの時代も数は正義なのだ。

この際、潜伏キリシタンたちをあぶり出すために行われたのが教科書でもおなじみの「絵踏み」である。ちなみに絵踏みは〝行為〟を指し、「踏み絵」は絵踏みを行わせるための絵など〝対象〟を指すそうだ。

教会を見学した後、上五島出身という山下さんの自宅を訪ねた。自宅居間にある息子さん手作りの神台にはマリア様が置かれている。先祖代々、ずっと信徒であるという山下さんは朝と夜、ここに座り、毎日のように祈りを捧げているという。

山下さんは19歳の時に五島に漁に来ていた夫の父に気に入られ、﨑津に嫁に来た。結婚して子どもができ、息子は孫を産み、その孫は﨑津集落で教会を案内するボランティアをし、日曜礼拝の手伝いも行った。山下さんに聞くと、それは、子どもの信徒が大人になる過程で必ず通る道。こうして代々信仰は受け継がれていくのだ。一家は定期的に上五島にも帰省しているという。

五島と﨑津。決して近くはない二つの島を、信仰が結ぶ。山下さんとの話は先祖と歴史がつながって今の人が生きているのだということを実感できる体験だった。

玄関に一年中飾られたしめ縄はキリシタンたちが「疑われないため」に行っていた工夫の名残なのだそう

天草・﨑津集落ってこんなところ

熊本県天草市河浦町にあり、禁教期には仏教、神道、キリスト教が共存。豊漁の神様である恵比須様や大黒天をデウスとして崇拝するなど独自の信仰形態が生まれた。禁教期には毎年「絵踏み（踏み絵）」が行われたが、絵に十字が描かれていなかったことから、比較的みんな踏んでいたそう。1888 年、﨑津教会堂が建てられ、この地での潜伏は終了した。教会では全国でここだけ？御朱印を発行している。御朱印は隣の諏訪神社、曹洞宗普應軒の3種類があり、全てを普應軒で拝受する仕組み。

ここは人もねこも、流れる時間は本当にのんびり。Ｚｚｚ

あとがき

出無精な私は帰省するたびに実家でゴロゴロしていた。「出かけても、この島には何もない」と考えていたからだ。帰省するのは、長い休みの日に1人、都会（島以外は都会）にいてもむなしいからという単純な理由である。

佐世保通信員をしていた約10年前のこと。ふるさとである五島の教会が世界遺産になるかもしれないと漏れ伝え聞いた。最初は「へ？　教会って島中にたくさんあるあれのこと？　なんで？　まさか、無理でしょ」と思いながら、ふと考えた。「そういや、きちんと教会を巡ったことってないよな……」。その後、私は帰省のたびに、教会を訪ねるようになった。すると、どんな巡り合わせか、数年後にこの企画の話が何となくもちあがったのだった。

人々の思いが散りばめられた信仰の島だということを実感する旅だった。そう。私にとって、帰省することはいつしか旅になっていた。「今、旅の最中なのだ」と思えば、やらざるを得ない。家でゴロゴロしているだけでは、文章は埋まらない。やらないと始まらない。筆が進まない。だから動かざるを得ない。

動き出すといつもの日常に発見があることに気がついた。「なんでこんな所に教会が？」「どういう人が住んでいるのだろう？」。そうした疑問は次の発見につながり、発見は新しい出会いになった。これまで暇をもてあましていたはずの帰省が、いつしか時間が足りなくなり、週末など時間を見つけては帰るようになった。どこに行っても美しい自然があり、人々は親切で個性的で何よりも面白い。「何もない」と思っていた島は、少し探してみるだけで必要な物全てがある島だった。

今回の旅本は何かトラブルが起きたり、嫌な奴が出てきたり、道に迷ったり、ハプニングが起きるなどということは一切ない。ただただ、小さな島々で島民たちが当たり前に過ごす日常を記したただけである。防波堤から飛び込んだり、墓でバンバン花火をしたり、3階建ての、島中で一番高いビルでエレベーターに乗って「（噂に聞く）遊園地みだいた……」と興奮したり、修学旅行の際、島にはない紙コップ式の自動販売機にテンションがあがり飲み過ぎて、腹を下したり……。そんな島の人たちの愛すべき日常だ。

最後に、編集の池田雪さんと制作の黒木留実さん、デザイナーのタダミヨコさん、文章が遅い私にねばり強くつきあっていただきありがとうございました。また小値賀の活版印刷所の横山親子、奈留島の東さん、島中案内していただきありがとうございました。楽しかったです。そして最後に私にあちこち連れまわされ、被写体となっている間に小学校低学年から高校・大学生へと成長した桜と葵の姉妹に、この場を借りて、感謝します。ありがとう。

江濱丈裕

参考文献

本書は現地に住む人や観光協会の皆様からの口頭取材を基に構成していますが、裏付けのために、研究者や自治体による最新の資料に加え、いくつかの専門書を参考にさせていただきました。加えて電話取材などで最終確認を行い、事実関係の確認には万全を期したつもりですが、誤りがあった場合は全て私に非があります。また、長崎県や長崎巡礼センターに加え、各島の観光協会の方々には現地案内のほか、情報の確認にも丁寧につきあっていただきました。ありがとうございました。

●参考文献

長崎文献社編・カトリック長崎大司教区監修『長崎・天草の教会と巡礼地完全ガイド』, 長崎文献社, 2005年

長崎文献社編『旅する長崎学6 キリシタン文化別冊総集編キリシタン文化の旅長崎へのいざない』, 長崎文献社, 2007年

木村勝彦「長崎におけるカトリック教会巡礼とツーリズム」, 2007年

江袋教会復旧委員会専門委員会『江袋教会堂焼損復旧修理工事報告書』, 宗教法人カトリック長崎大司教区, 2010年

NPO 法人長崎巡礼センター『ながさき巡礼長崎県の教会堂』, 長崎巡礼センター, 2011年

長崎文献社編『旅する長崎学14 海の道Ⅳ平戸・松浦西の都への道』, 長崎文献社, 2010年

長崎文献社編『旅する長崎学15 海の道Ⅴ島ガイド島々への道』, 長崎文献社, 2011年

「鉄川与助の教会建築」LIXIL出版, 2012年

『「長崎の教会群とキリスト教関連遺産」構成資産候補建造物調査報告書』長崎県, 2011

※島の面積は主に令和元年全国都道府県市区町村別面積調による

●観光協会とそのＨＰ

長崎県世界遺産課／「長崎と天草地方の潜伏キリシタン関連遺産」(http://kirishitan.jp)

おぢかアイランドツーリズム／「おぢか島旅」(http://ojikajima.jp)

五島市観光物産課／「五島の島たび」(https://goto.nagasaki-tabinet.com)、

五島市観光協会 (http://www.gotokanko.jp)

新上五島町観光物産協会／「新上五島町観光なび」

(http://shinkamigoto.nagasaki-tabinet.com)

長崎県文化観光国際部観光振興課 (ながさき旅ネット)

長崎県観光連盟／「世界文化遺産 長崎と天草地方の潜伏キリシタン関連遺産」

(https://www.nagasaki-tabinet.com/feature/kirishitan/top/)

文化庁／「長崎と天草地方の潜伏キリシタン関連遺産」

(https://www.bunka.go.jp/seisaku/bunkazai/shokai/sekai_isan/ichiran/1407709.html)

Profile

江濱丈裕（えはま・たけひろ）

共同通信社記者
1981年2月生まれ。長崎県新上五島町出身。
高校卒業までを島で過ごす。今も年に1～2回帰省。早稲田大学商学部卒業後、東京でテレビの制作会社に勤務。共同通信社に転職後は長崎県佐世保市→広島支局→釧路支局→大阪社会部→東京社会部と異動（移動！）しています。五島の好きな食べ物はうどんと刺身とかんころもち。島のオススメは夕日が落ちる直前の青みがかったたそがれの時間。
著書『カンボジア・ベトナム・ラオス　長距離バスでめぐる世界遺産の旅』（書肆侃侃房）

写真／江濱丈裕
ブックデザイン／タダミヨコ
DTP／黒木留実（書肆侃侃房）
編集／池田雪（書肆侃侃房）

※本書の情報は、2022年9月現在のものです。発行後に変更になる場合があります。

KanKanTrip Japan 7

長崎・五島　世界遺産、祈りが刻まれた島

2020年6月6日　第1版第1刷発行
2022年11月10日　第1版第2刷発行

著　者　江濱丈裕
発行者　田島安江
発行所　株式会社書肆侃侃房（しょしかんかんぼう）
〒810-0041 福岡市中央区大名2-8-18 天神パークビル501号
TEL 092-735-2802　FAX 092-735-2792
http://www.kankanbou.com　info@kankanbou.com

印刷・製本　アロー印刷株式会社

ISBN978-4-86385-399-7 C0026